16	3	2	13
5	10	11	8
9	6	7	12
4	15	14	1

José Ramos Tinhorão

OS SONS
QUE VÊM DA RUA

Edição revista e ampliada

editora■34

EDITORA 34

Editora 34 Ltda.
Rua Hungria, 592 Jardim Europa CEP 01455-000
São Paulo - SP Brasil Tel/Fax (11) 3811-6777 www.editora34.com.br

Copyright © Editora 34 Ltda., 2005
Os sons que vêm da rua © José Ramos Tinhorão, 2005

A FOTOCÓPIA DE QUALQUER FOLHA DESTE LIVRO É ILEGAL E CONFIGURA UMA
APROPRIAÇÃO INDEVIDA DOS DIREITOS INTELECTUAIS E PATRIMONIAIS DO AUTOR.

Edição conforme o Acordo Ortográfico da Língua Portuguesa.

Capa, projeto gráfico e editoração eletrônica:
Bracher & Malta Produção Gráfica

Revisão:
Beatriz de Freitas Moreira
Telma Baeza Gonçalves Dias

1ª Edição - 1976 (Edição do autor, São Paulo),
2ª Edição - 2005, 3ª Edição - 2013

CIP - Brasil. Catalogação-na-Fonte
(Sindicato Nacional dos Editores de Livros, RJ, Brasil)

Tinhorão, José Ramos, 1928-
T588s   Os sons que vêm da rua / José Ramos
Tinhorão. — São Paulo: Editora 34, 2013
(3ª Edição).
240 p.

ISBN 978-85-7326-327-5

1. Música popular - Brasil - História e crítica.
2. Cultura popular - Brasil - Séculos XVIII a XXI.
3. Espetáculos populares. I. Título.

CDD - 780.981

OS SONS QUE VÊM DA RUA

Nota à 2ª edição 7

Parte I: As vozes das ruas

1. Os cantores de serenatas 13
2. Os cantores de bares e os músicos de rua 29
3. Os vendedores de modinhas 44
4. Os pregões 59

Parte II: A música das ruas

5. Os realejos 81
6. O homem dos sete instrumentos 92
7. A Banda Alemã e os grupos de músicos 99
8. As bandas militares e os coretos 108

Parte III: Os palcos do povo

9. Os cafés-cantantes e os chopes-berrantes 135
10. Os palcos do Passeio Público e da Guarda Velha ... 148
11. Os circos e os pavilhões 166

Parte IV: Os salões do povo

12. Os pianeiros 195
13. As gafieiras 206
14. Os forrós 217

Fontes e bibliografia 227

NOTA À 2ª EDIÇÃO

Lançado em 1976 em edição do autor, ao ser reeditado agora, quase quarenta anos depois, ampliado e atualizado a ponto de parecer um novo livro, este *Os sons que vêm da rua* cobre-se pelo menos de uma glória: continua um livro novo.

Preocupado em interpretar em dimensão histórico-sociológica fenômenos de cultura urbana até então tomados apenas como assunto para reportagens ou crônicas de jornal — a exemplo do que pioneiramente fizera em 1906 João do Rio em seu *A alma encantadora das ruas* —, o autor vinha antecipar-se no Brasil ao que os franceses começavam a chamar de História Nova, para logo reduzi-la à dupla modalidade acadêmica da História das Mentalidades e da História do Cotidiano.

Os sons que vêm da rua, de fato, constituía uma abertura histórica no sentido do registro de sonoridades típicas de aglomerados urbanos, tanto produzidas em ambientes fechados para consumo particular de gente das baixas camadas (bailes de gafieira e forrós, bares, cafés e chopes-cantantes), quanto a céu aberto, para gozo geral, na democrática explosão sonora das bandas de coretos, de músicos de calçada, de palcos públicos, ou das vozes anônimas de jornaleiros, vendedores de modinhas ou cantores de serenatas.

Ao contrário daquela nascente tendência historiográfica francesa destinada a oficializar-se ao final do século XX nas universidades brasileiras, porém, o autor não procurava na notícia esquecida dos sons urbanos qualquer sentido oculto a ser revelado pela repetição dos fatos na longa duração do tempo, mas buscava apenas — como modesto cultor da história vista como dinâmico processo dialético — mostrar como as camadas urbanas eram capazes de alegremente responder às novas realidades socioculturais impostas pela vida nas cidades.

Para atingir tal objetivo, o autor antecipava, por sinal, outra das características da anunciada História Nova, e que era a da abertura da pesquisa no caminho da interdisciplinaridade (a que de certa forma já conduzia o próprio método da história vista como processo dialético de interação dos múltiplos aspectos que compõem a realidade social). Neste particular, tal abertura no sentido da exploração de fontes não convencionais na área dos estudos históricos — mas essenciais no levantamento de fatos da vida e da cultura urbanas, como a tomada de depoimentos pessoais, a busca de informações iconográficas (gravuras, pinturas, fotografias) ou musicais (em cilindros, discos, filmes e partituras), ou fornecidas pela imprensa em artigos, crônicas, noticiários ou reportagens — foi possibilitada pela existência de amplo acervo documental reunido pelo próprio autor em sua trajetória de pesquisador.

É o resultado do emprego de tal método, amparado pelo testemunho de tal documentação, que se poderá apreciar agora na reedição deste *Os sons que vêm da rua*, sons captados no fluxo vivo de uma história de sonoridades urbanas que se estende até o presente.

José Ramos Tinhorão

ID SONS
QUE VÊM DA RUA

OS SONS
QUE VÊM DA RUA

Parte I
AS VOZES DAS RUAS

1.
OS CANTORES DE SERENATAS

O hábito de cantar à noite pelas ruas, geralmente com o propósito de fazer-se ouvir por amadas inacessíveis, zelosamente resguardadas atrás das janelas por toda uma tradição de vigilância patriarcal, constituiu desde o fim da Idade Média um recurso sentimental cultivado em altas vozes noturnas por todo o Ocidente.

Para dar nome a essas cantorias solitárias ou em grupo, os espanhóis criaram a palavra *serenada* e os portugueses o substantivo *serenata*, derivando ambos do latim *serenus*, que tanto podia querer dizer céu sem nuvens, quanto calma e tranquilidade.

No Brasil, a primeira referência a uma serenata vem do século XVIII, ou, mais precisamente, de 1717, quando na Bahia o viajante francês M. Le Gentil de La Barbinais, após afirmar que "à noite só ouvia os tristes acordes de uma viola", acrescentava:

> "Portugueses, vestidos de camisolões, rosário ao pescoço e espada nua sob as vestes, passavam debaixo das janelas de suas amadas de viola em punho, a cantar com voz ridiculamente terna cantigas que faziam lembrar música chinesa, ou as nossas gigas da Baixa Bretanha".[1]

Sob os serenos céus da Bahia e do Rio de Janeiro, que eram os dois mais antigos centros urbanos brasileiros, esses primeiros

---

[1] M. Le Gentil de La Barbinais, *Nouveau voyage au tour du monde*, Paris, Chez Briasson, 1729, tomo III, p. 209 (tradução do autor).

cantores de serenatas certamente devem ter passado e repassado diante das casas de algumas raras amadas durante o correr do século XVIII e da primeira metade do século seguinte. Porém, somente no Segundo Reinado, com o advento de uma classe média de certo modo diferenciada no Brasil, apareceriam de fato os primeiros cantores de modinhas realmente populares.

Na verdade, tão logo o florescimento econômico da Colônia, após a descoberta do ouro, propiciou uma certa animação da vida social no círculo restrito das grandes famílias, os cantores mais ligados à elite abandonaram as ruas e transformaram-se em cantores de salão. Assim, caberia aos elementos que não atingiam esse nível necessariamente restrito da alta vida social o papel de continuadores da velha tradição dos trovadores de rua. Por tal forma, não é de estranhar que os mais antigos depoimentos sobre as figuras de cantores do *sereno* descrevam sempre esses artistas anônimos como sestrosos mulatos de cabelo repartido ao meio, sempre muito empenhados em igualar-se aos seus êmulos de salão, ao menos através do requintamento do vocabulário, de um certo pernosticismo pessoal, na realidade denunciador de um inocente propósito de "distinção social".

No fundo, esses românticos cantores de modinhas, para os quais se criaram nomes como serenateiros, serenatistas, sereneiros e seresteiros, vinham representar o papel de artistas aos quais a evolução social urbana encarregava de dar voz à alma musical do povo, numa época em que — pela inexistência dos meios de reprodução sonora, só possíveis com o advento do disco — a profissão de cantor ainda não existia e, portanto, a divulgação das canções dependia, como em tempos medievais, da iniciativa e do talento de humildes e anônimos menestréis.

Produtos de um momento da história da formação das grandes camadas das cidades, os cantores de serenatas surgiram coincidentemente, no decorrer do século XIX, nas duas cidades de tradição popular mais antiga, e que eram as capitais do Brasil colonial e do Vice-Reinado — Salvador e Rio de Janeiro.

Na Bahia, onde muitos padres seculares ajudaram a manter a tradição da modinha popular, desde o século XVIII, "o século XIX trouxe para os trovadores", segundo o memorialista Afonso Rui, "a completa libertação do predomínio lusitano, introduzindo novas modulações e ritmos, criando motivos musicais que desfiguravam, pelo imaginoso colorido, os cânticos reinóis".[2]

Como, porém, a sociedade baiana chegava ao terceiro século da colonização com uma estrutura bastante estratificada, os cantores de modinhas — ao contrário do que acontecia no Rio de Janeiro, onde vários poetas românticos chegaram a confundir-se nas ruas com os mestiços tocadores de violão — dividiram-se em dois grupos:

> "Os trovadores baianos, nesse tempo" — mostrou Afonso Rui —, "compunham dois agrupamentos distintos, inconfundíveis, apartados pelas convenções sociais e pelo exigente formalismo da época: cancioneiros a quem se abriam os salões em brilhantes saraus, e seresteiros a quem, ostensivamente, se fechavam as portas. Uns, tinham as palmas de uma assistência de escol, outros, a repressão da polícia. No fundo, eram todos boêmios, por índole e por sentimento".[3]

Os próprios seresteiros aos quais "ostensivamente se fechavam as portas", por sinal, não constituíam uma classe única, mas, segundo bem observa ainda Afonso Rui, eram gente "dos mais diversos níveis":

> "Uns" — lembrava o autor baiano — "anônimos cantadores, cigarras da vida, cantando pelo fado

---

[2] Afonso Rui, *Boêmios e seresteiros do passado*, Salvador, Livraria Progresso Editora, 1954, pp. 8-9.

[3] Afonso Rui, *op. cit.*, p. 11.

de seu destino, de fama pouco lisonjeira e cuja serenata terminava em conflito, com cabeças quebradas, recolhimento à estação policial, quando não acabava com um enterro nas Quintas dos Lázaros; outros, seresteiros de modestas ambições, vaidosos de sua inspiração sentiam-se bem pagos com o êxito das suas composições quando as sabiam repetidas por outros cantores, e cujos nomes vieram até nós como expressão de arte puramente nacional; ainda outros, de almas românticas, deveras enamorados, faziam da serenata, calculadamente, uma fonte espiritual para o amor".[4]

Desses trovadores de rua que chegaram a deixar nome nos anais modinheiros da Bahia, o mais famoso foi, certamente, o mulato de voz de barítono Xisto Bahia (Salvador, BA, 1841 — Caxambu, MG, 1894), que se tornaria nacionalmente célebre como parceiro de Artur Azevedo no teatro musicado carioca. Tocador de violão, compositor de belíssimas modinhas ("Quis debalde varrer-te da memória") e de engraçados lundus ("A mulata", "A preta"), Xisto Bahia começou fazendo serenatas na cidade de Salvador ao lado de rapazes da elite baiana como José Maria Paranhos, futuro visconde do Rio Branco, mas logo, passando definitivamente ao teatro em 1859, excursiona pelo Norte e Nordeste durante dez anos e, em 1875, se instala no Rio de Janeiro, onde liga seu nome ao do teatrólogo Artur Azevedo através da colaboração como criador de tipos, ator e fornecedor de músicas, a partir da peça *Uma Noite de Reis na Bahia*.

Embora, porém, alguns outros nomes ligados às serenatas na Bahia tivessem alcançado notoriedade nacional (tal como Artur Budd, que chegou a gravar discos até na Alemanha, para onde viajou aventureiramente na companhia do violonista Josué de

---

[4] Afonso Rui, *op. cit.*, p. 12.

Barros, em 1912), não seriam esses os seresteiros baianos mais típicos.

A acreditar no cronista e comediógrafo carioca França Júnior, que residiu na Bahia de agosto de 1868 a novembro de 1871, como secretário do governo do barão de São Lourenço, o cantor de serenatas realmente representativo de Salvador era, no geral, "um crioulo esbelto e inteligente", que com um chapéu "caindo-lhe sobre uma das orelhas, e deixando descoberta a outra", vestia paletó e calças "de cor duvidosa", calçando "vetustas chinelas de couro, que já foram outrora botinas", e nunca era encontrado só.

Segundo França Júnior, o seresteiro baiano típico vivia cercado de admiradores que, para espicaçá-lo, travavam à sua volta diálogos entusiasmados como este:

"— Canta agora aquela do Trovador.
— Não; canta a outra, que é mais bonita.
— Cá para mim não há como a da Lídia.
— E onde fica aquela das — 'Lembranças do nosso amor'?
— Oh!, mas você ainda há de nascer, para cantar esta como o Militão.
— É verdade: aquilo é que é moleque fino!

E o crioulo, vergando a espinha dorsal, erguendo o joelho e fazendo deste apoio para o violão, começa a afiná-lo; depois do que se encosta à esquina, e canta uma por uma as canções pedidas.

É um gosto vê-lo cantar".[5]

Segundo ainda França Júnior, numa perfeita observação da tendência dos seresteiros populares em cantar nasalado, quando o mestiço precisava alçar a voz nas notas altas, "era o nariz que

---

[5] França Júnior, "O cantor de serenatas", in *Folhetins*, 4ª ed. aumentada, Rio de Janeiro, Jacinto Ribeiro dos Santos (ed.), 1926, p. 204.

se incumbe de tirá-las, procurando as regiões sidéreas e sacrificando as veias do pescoço, que se injetam de sangue".[6]

A reação do público à arte desses cantores de esquina era na Bahia sempre entusiasta ("— Havéra eu de ter esta voz, que estava com a minha vida ganha"), e não faltaria a quem aplaudir naquela segunda metade do século XIX. A julgar pela relação de nomes de grandes cantores populares de modinhas que França Júnior teve a feliz ideia de citar:

> "— Vocês não fazem ideia, que pagode.
> — Lá estava a Rosa Pé de Pato?
> — Oleré! Estava também o Guedes, o Vilaça do Armarinho, o Flávio, o Juca Bonfim, o Lulu da Boa Viagem".[7]

Pela razão muito plausível de que era impossível ficar acordado até de madrugada diariamente, tendo de acordar cedo no dia seguinte para trabalhar (na Bahia, segundo Manuel Querino, a maioria dos cantores de serenatas "se não era charuteiro ou marceneiro, era oficial de alfaiate"), a noite preferida para sair às ruas cantando era a de sábado:

> "Fizesse luar ou a terra estivesse alumiada pela Via Láctea ou Saturno ou Urano" — escrevia Manuel Querino em seu livro *A Bahia de outrora* — "nos sábados, às dez horas, quando as vendas fechavam-se e as Lílias iam dormir, o cantor aparecia, e na primeira esquina, encostado ao frade, depois de temperar a garganta, e o acompanhador afinar o pinho, abria o eco e ninguém podia resistir, se o pândego era senhor do ofício".

---

[6] França Júnior, *op. cit.*

[7] França Júnior, *op. cit.*, p. 205.

E Manuel Querino acrescentava:

"Da meia-noite em diante, um pouco tomado, as cordas do violão ou do cavaquinho gemiam, e ele, com o lenço amarrado ao pescoço e a ponta do cigarro detrás da orelha, dava as notas mais sentidas, arrancadas do coração, naturalmente, sem esforço".[8]

Nessas serenatas noite de sábado adentro, o cantor de rua baiano — cujo "companheiro, o rapaz do violão, era a sombra do seu corpo" — percorria quase sempre um roteiro que incluía as ruas Direita de Palácio e Misericórdia, até desembocar por volta de duas da madrugada no terreiro de Jesus, onde era recebido com aplausos no botequim do Moscoso, e onde "com uma pataca, tem um prato cheio de suculento mocotó, com o apetitoso molho de vermelhas malaguetas".[9]

Aliás, o característico que realmente diferençava os cantores de modinhas em serenata da Bahia de seus congêneres cariocas era essa convergência, altas horas, para determinados pontos da cidade, a fim de comer o chamado "mocotó da meia-noite" em bibocas das freguesias da Sé ou de São Pedro:

"Jornaleiros de todas as profissões" — anotava Manuel Querino —, "cantores de modinhas, tocadores de violão, caixeiros e outros amantes de diversão, depois de abluções gerais nas fontes — Nova, do Gra-

---

[8] Manuel Querino, "Cantor de modinhas", in *A Bahia de outrora*, Salvador, Livraria Progresso Editora, 1946, p. 262. O autor, baiano, contemporâneo dos fatos que descrevia (Querino nasceu em 1851 e morreu em 1923), afirma que "nesse tempo estava em moda, entre outras cantigas, 'As baianas'". O sucesso dessa modinha foi de fato tão grande, que chegou a ter sua música gravada em disco da Casa Edison, no Rio de Janeiro, com o título "Anjos baianos".

[9] Manuel Querino, *op. cit.*, p. 265.

vatá, do Gabriel, de Santo Antônio e Coqueiros da Piedade, começavam a afluir aos pontos conhecidos, como fossem o célebre Hotel Baiano, botequins e Casas de Pasto, do Coelho Branco à Piedade, do Candinho Corcunda, do Bico Doce, do João Gualberto, do Melânio, do Claudiano e da Aquilina".[10]

Nessas noites de sábado e madrugada de domingo, contava ainda ao memorialista dos costumes baianos, quem "de repente se achasse entre o Terreiro de Jesus, praça Castro Alves e largo da Piedade, havia de estranhar tão desusada movimentação, a horas mortas da noite, como se se tratasse de uma grande festa popular".[11]

Com exceção dos primeiros anos da República, quando alguns governadores proibiram aqueles ajuntamentos, temendo o recrudescimento das agitações do período revolucionário, os botequins que serviam o barato e nutritivo mocotó regurgitavam sempre de gente do povo que ali fazia a sua *esticada*, depois de bailes, festas de casa de família e namoros, ouvindo os artistas da sua classe entregues a fazer vibrar as cordas dos violões "em escalas ascendentes e descendentes", até encontrar o tom:

"Das dez horas em diante" — recordava Manuel Querino — "começava a folia. As modinhas 'Gigante de pedra', 'Virgem Santa', 'Belas baianas', 'Tão longe de mim distante', 'Vai cruel em braços doutros', 'Rosto d'anjo', 'Prazeres que eu não sonhava', 'Resposta ao Trovador', etc. eram ouvidas entre os aplausos mais calorosos".[12]

---

[10] Manuel Querino, "O mocotó", in *A Bahia de outrora*, *op. cit.*, p. 192.

[11] Manuel Querino, *op. cit.*

[12] Manuel Querino, *op. cit.*, p. 194.

Nesses ruidosos encontros — a que não faltavam discursadores populares, aplaudidos também como artistas, ao final de suas empoladas perorações — as figuras de maior destaque eram realmente os *trovadores de esquina*, sempre solícitos em atender aos pedidos dos circunstantes para que interpretassem esta ou aquela modinha.

Quando começava finalmente a amanhecer — o mocotó pesando no estômago, a cachaça fazendo efeito — os cantores de serenatas e seu público de boêmios iniciava a volta a casa, ainda cantando, e eventualmente participando de brigas campais, como bem fixaria em versos o poeta Edístio Martins no poema de costumes intitulado "O mocotó":

> "Já é de madrugada. Alguns cambaleando
> Insultam os demais, que apenas vão entrando,
> Provocam a mulher daquele que comprou.
> O próprio Satanás parece que tem medo
> Da *apuração final* que traz o tal brinquedo!
> Dos célebres cantores que a branca provocou!"[13]

A partir de fins da segunda década do século XX, com a decadência da velha modinha sentimental, substituída pelos novos gêneros populares à base de ritmo batucado, tipo samba, os cantores de serenata foram rareando na Bahia, ao menos no centro da cidade de Salvador, e o hábito do mocotó da meia-noite perdeu muito da sua movimentação original.[14]

No Rio de Janeiro a tradição das serenatas deveria, tal como na Bahia, remontar também ao século XVIII, não fora o in-

---

[13] Citado por Manuel Querino ao final de sua crônica "O mocotó", *op. cit.*, p. 196.

[14] A tradição do mocotó da meia-noite, ou da madrugada, como também é chamado, continuaria até tempos depois em alguns bares de Salvador, mas já agora reunindo apenas grupos de tiradores de samba.

trodutor do gênero das modinhas em Portugal, em meados de 1700, o mulato carioca Domingos Caldas Barbosa, um tocador de viola de arame, especialista naquelas canções que um autor português seu contemporâneo dizia terem o poder de encantar "com venenosos filtros a fantasia dos moços e o coração das damas".[15]

Ainda a exemplo da Bahia, os cantores de modinhas eram quase invariavelmente mulatos pernósticos, igualmente de cabeleira repartida ao meio, e aos quais o mecanismo da moderna vida urbana transformava em divulgadores da arte popular anônima do canto e da poesia, como tão bem percebeu o cronista carioca João do Rio ao escrever:

> "Os poetas de calçada são as flores de todo o ano da cidade, sã a sua graça anônima, a sua *coquetterie*, a sua vaidade anônima e sua sagração — porque afinal o próprio Platão, que julgava Homero um envenenador público, considerava o poeta um ser leve alado e sagrado".[16]

No Rio, a partir de 1870, quando a modinha deixa de ser cultivada nos salões, ou entre os poetas da primeira geração romântica, que se reunia à volta de Laurindo Rabelo, na livraria de Paula Brito, e passa aos violões das ruas, as serenatas começaram a revelar "vultos de transcendente nomeada, excelentes rapazes que passaram neste mundo para deixar lampejos fugazes e douradas recordações", no dizer comovido do contemporâneo me-

---

[15] Antônio Ribeiro dos Santos, *Manuscritos*, in Mozart de Araújo, *A modinha e o lundu no século XVIII*, São Paulo, Ricordi Brasileira, 1965, p. 40.

[16] João do Rio (pseudônimo de João Paulo Alberto Coelho Barreto, o Paulo Barreto), *A alma encantadora das ruas*, Rio de Janeiro, Organização Simões, 1951-52.

morialista Mello Moraes Filho. Segundo esse mesmo cronista, "no Olimpo das serenatas do tempo", ou seja, pelos meados dos 1800, desfilaram cantores populares como Zulu Cavaquinho, Lulu do Saco, Manezinho da Cadeia Nova ou Manezinho da Guitarra, Zé Menino, Vieira Barbeiro "e ainda o Caladinho, o Inácio Ferreira, o Clementino Lisboa, o Rangel, o Saturnino, o Luizinho, Domingos dos Reis, que já desceram para os túmulos, que ora volteio, agitando os ciprestes que os resguardam sob o céu sem eco das necrópoles".

A tais cantores de rua da primeira leva de modinheiros cariocas (uma vez que Mello Moraes Filho, escrevendo no início do século XX, os dá todos como já desaparecidos), se seguiram na última década do século XIX outros nomes que iam alcançar o fim da era das serenatas, no início do século XX, e entre os quais se contavam Bombeiro, Peixinho, Juca Mãozinha, Nenê, Lulu Bastos, José Quadros, Desidério Machado, Vicente Sabonete, Bahia, da Imprensa Nacional, e o lindamente intitulado Leandro Rouxinol dos Subúrbios.

A maioria desses cantores especialistas em modinhas sentimentais (todos lembrados em 1935 pelo velho carteiro Alexandre Gonçalves Pinto em seu livro de memórias), gravitava em torno dos conjuntos de choro que funcionavam como orquestras de pobre, fornecendo música para festas em casas de família à base de flauta, violão e cavaquinho.

Por volta da meia-noite, ou pouco mais, quando terminavam essas festas caseiras, os chorões saíam tocando e cantando pelas ruas do centro, dos subúrbios ou dos bairros da zona sul carioca (notadamente Gávea e Botafogo), e era então que os mais reputados por sua voz e seu repertório abriam o peito, até que "o pessoal mergulhava no primeiro botequim que encontrava aberto".[17]

---

[17] Alexandre Gonçalves Pinto, *O choro: reminiscências dos chorões antigos*, Rio de Janeiro, 1936 (edição do autor).

Quando os cantores não eram também músicos (a maioria dos trovadores de violão cantava), a sua presença junto aos grupos de choro era marcada por uma modéstia que se transformava em exagerada valorização dos seus predicados, tão logo era requerido o seu concurso.

Em seu livro O *choro: reminiscências dos chorões antigos*, o carteiro Alexandre Gonçalves Pinto — ele mesmo cantor de incontáveis serenatas — lembrava que nas festas da Cidade Nova, após os recitativos ao som da "Dalila",[18] era infalível a convocação dos cantores presentes:

> "Isto [o recitativo] era uma brecha para os cantores de modinhas que, manhosamente recolhidos à sua modéstia, instigavam os amigos para que 'insistissem' que cantassem".

E o memorialista acrescentava, com conhecimento de causa:

> "Também não se faziam rogados. Aproximavam-se dos músicos, pigarreavam concertando a voz, mandavam tirar um dó, ré maior ou afinar a prima, e berravam quase sempre com voz de 'cana rachada':
> 'Caso de amor tão fingido,
> O que já fiz, hoje não faço
> Eu por ti já dei a vida
> Hoje não dou e nem posso'".[19]

Esses cantores de festinhas familiares ou integrantes de grupos de choro, no entanto, ainda estavam socialmente um degrau acima do verdadeiro mestiço anônimo realmente representativo

---

[18] "Dalila" era valsa de sucesso, muito tocada como fundo sonoro durante as recitações.

[19] Alexandre Gonçalves Pinto, *op. cit.*, p. 118.

das grandes camadas mais pobres da população, e por isso geralmente conhecidos pelo nome depreciativo de capadócio.[20]

Morador de quartos de casas de cômodos ou em vagas de cortiços, o cantor de rua carioca típico — descrito pelo memorialista Luís Edmundo em seu livro *O Rio de Janeiro do meu tempo* na figura de Manduca da Praia — era um mestiço de "cabeleira encaracolada, caída sobre a testa marrom", que usava paletó de um só botão com calças de linho branco engomado, faixa na cintura, lenço no pescoço, chapéu "três-pancadas" e calçava "botinas inteiriças de elástico".[21]

Na maioria das vezes desempregados crônicos (alguns, por se ligarem a grupos de capoeira, colocavam-se a serviço de políticos, outros viviam de jogo, da exploração de mulheres ou de pequenos biscates), esses cantores das camadas mais baixas possuíam, no fundo, uma arraigada consciência do valor dos seus múltiplos talentos artísticos e marginais, e não perdiam oportunidade de afirmar a superioridade dessa posição, ante o espanto e o medo da gente simples que os rodeava:

> "Manduca" — escrevia Luís Edmundo sobre seu personagem típico de seresteiro carioca malandro — "é o tipo perfeito do capadócio de alcoice, rufião-seresteiro, com nome, fama e glória nos conflitos da zona do femeaço, entre fuzileiros navais e guardas da polícia. Sampaio Ferraz deportou capoeiras, mas não extinguiu a capoeiragem. Em 1901, no largo do Moura, como em certos capinzais do Catumbi, do Rio Com-

---

[20] Na definição de Cândido Figueiredo na quarta edição de seu *Novo dicionário da língua portuguesa*, de 1925: "*Capodócio, m. e adj.* Bras. do N. Trapaceiro; charlatão. Parlapatão. Bras. do S. Indivíduo que, de noite, vai tocar e descantar, sob as janelas da mulher namorada".

[21] Luís Edmundo, *O Rio de Janeiro do meu tempo*, Rio de Janeiro, Editora Conquista, vol. 2, p. 377.

prido e São Cristóvão, o esporte condenado ainda se pratica e floresce".

E Luís Edmundo acrescentava:

"Os seresteiros que frequentam os lupanares de São Jorge, Regente e Núncio, ali dão *rendez-vous*, aprendendo, em cursos ao ar livre, a maneira de aplicar um bom 'rabo de arraia', passar uma 'rasteira', uma 'trave' ou outras figuras clássicas do jogo de agilidade nacional. Sempre a ciência desse esporte deu, aos homens, valor dobrado. Por isso vive Manduca abusando do jogo e criando casos com a Polícia. Felizmente a Política salva-o".[22]

O sucesso de tais cantores de rua junto a mulheres de baixa condição e prostitutas era mais do que natural. Numa sociedade que as condenava a uma vida sem perspectivas, trabalhando duramente para criar filhos, ou ajudar maridos e amantes medíocres e conformados à luta pela sobrevivência em condições subumanas, a figura do malandro mestiço cantor de serenatas — livre, valente, atrevido e sestroso — aparecia como um herói, necessariamente realçado pela auréola de romantismo de que se revestia, quando cantava com acento trágico sobre os versos repletos da ideia da morte de amor:

"Acorda, desperta do leito
Deixa de tanto dormir.
Vem ouvir um desgraçado
Que hoje quer morrer por ti".

Ou, mais pernosticamente:

---

[22] Luís Edmundo, *O Rio de Janeiro do meu tempo*, vol. 2, pp. 279-80.

"Não vistes a Nebulosa[23]
De um fluminense cantor?
Não vistes a peregrina
Que matou teu trovador?!".

Afora a Bahia e o Rio de Janeiro, outros centros urbanos que chegaram a alcançar relativa diversificação social no correr da segunda metade do século XIX conheceram também seus cantores de serenatas.

As notícias sobre a vida popular da maioria dessas cidades são ainda hoje muito precárias, mas a pesquisa de um ou outro autor regional permite concluir pela existência de uma relação direta entre o processo de urbanização e o aparecimento dos artistas de rua, personificados no romântico cantor de serenatas.

Na cidade paulista de Campinas, por exemplo, o cronista Geraldo Sesso Júnior, ao mostrar que uma das consequências da instalação de lampiões públicos com luz de gás na cidade, a partir de 1870, fora o aparecimento do hábito dos passeios noturnos, acrescenta em seu livro *Retalhos da velha Campinas*:

> "A mocidade começava a fazer os ciclos de serenatas às suas amadas, se bem que tanto na Corte como nas grandes cidades há muito era comum o encontro de seresteiros às altas horas da noite, frente às janelas das namoradas".[24]

---

[23] Referência ao poema do "fluminense cantor" Joaquim Manuel de Macedo (mais conhecido como romancista, autor de *A moreninha* e *O moço louro*). A valsa com essa referência ao poema talvez fosse a intitulada exatamente "A Nebulosa", letra de Tito Lívio e música de Souza Aragão, o Cazuzinha, modinheiro baiano da segunda metade do século XIX, autor de outras composições de sucesso da época como "O gigante de pedra" e "As baianas".

[24] Geraldo Sesso Júnior, "Serenatas", in *Retalhos da velha Campinas*, s.l., s.e., 1970, p. 99.

E acrescentava:

"Daí por diante [após a iluminação das ruas] é que começou o verdadeiro romantismo nos corações jovens da época, nos encontros dos namorados no então largo do Rosário ou na Catedral... O passeio dos moços e das moças casadoiras durava até perto das nove horas da noite, e dali para diante as horas restantes pertenciam aos seresteiros, que postados debaixo dos lampiões, com seus violões, cantavam e tocavam melodiosas e dolentes valsas, como a desta letra, que desde há muito caiu no esquecimento:
'Vem ó querida donzela
Ouvir este teu amado
Nesta noite tão bela,
Os versos do teu namorado.
Lá no alto brilha a Lua
Num manto de estrelas fulgurantes.
Tudo é quietude nesta rua
Só meu coração está palpitante...'".[25]

Na verdade, quando, a partir do fim da Primeira Guerra Mundial, a concentração urbana se acelerou, e as ruas das principais cidades brasileiras perderam a quietude decantada pelos poetas autores das modinhas, o cantor de serenatas — agora sofrendo a concorrência dos cantores de rádio, cuja voz chegava para embalar o sonho de suas musas dentro de casa com muito mais eficiência — perdeu sua função artístico-social, e desapareceu.

---

[25] Geraldo Sesso Júnior, *op. cit.*, p. 101.

2.
OS CANTORES DE BARES
E OS MÚSICOS DE RUA

Os bares e cafés, sucessores nas mais antigas cidades brasileiras das casas de pasto e tabernas, surgidas no correr do século XVIII, constituíram (e em alguns pontos do Brasil ainda constituem) um ponto de reunião de boêmios para tocatas e cantorias. Desde a Idade Média, esses primeiros locais de convivência urbana em horas de lazer tinham sido responsáveis, na Europa, por uma tradição de musicalidade que acabaria dando origem a canções coletivas de bebedores, até hoje cultivadas pelos frequentadores de certas cervejarias em países anglo-germânicos.

Nas duas principais cidades brasileiras do segundo século da colonização, Salvador e Rio de Janeiro, esses pontos de reunião popular começaram desde logo a se revelar tão ruidosos que, por edital de 3 de março de 1790 (quando já havia mais de quinze tavernas no Rio), as autoridades portuguesas proibiam aos taverneiros cariocas consentirem "jogo ou entretenimento algum" em seus estabelecimentos, sob pena de multa de seis mil-réis e, na reincidência, trinta dias de cadeia.

Segundo o memorialista Luís Edmundo em seu livro *O Rio de Janeiro no tempo dos vice-reis*, entretanto, naquelas "sórdidas lojas de comer, instaladas nos baixos dos velhos prédios coloniais", haveria sempre "dança, música e álcool" e "para chamariz da clientela, o clássico cego da sanfona ou da rabeca, à porta".[1]

---

[1] Luís Edmundo, *O Rio de Janeiro no tempo dos vice-reis*, 3ª ed., Rio de Janeiro, Editora Aurora, 1951, vol. 2, p. 347.

O leve cronista da vida carioca, como era de seu costume, não cita as fontes que o levaram a considerar a figura do "cego da sanfona ou da rabeca" como personagens obrigatórios nas portas das casas de pasto da segunda metade do século XVIII, mas a julgar por uma observação do cronista João do Rio em seu livro A *alma encantadora das ruas*, de 1908, o costume de entreter a clientela dos cafés e bares com música seria inegavelmente conhecido no Rio do século XIX.

Nessa crônica-reportagem intitulada "Músicos ambulantes", após lembrar que o aparecimento dos gramofones, no fim do século anterior, havia provocado o quase desaparecimento dos instrumentistas de rua, João do Rio escrevia naquele despontar do século XX:

> "Apesar dos gramofones nos hotéis, nos botequins, nas lojas de calçados, apesar da intensa multiplicação dos pianos, eles foram voltando, um a um ou em bandos, como as andorinhas imigrantes, e, de novo, as tascas, as baiucas, os cafés, os hotéis baratos, encheram-se de canções, de vozes de violão e de guitarra e, de novo, pelas ruas os realejos, os violinos, as gaitas, recomeçaram o seu triunfo".[2]

A predileção dos músicos de rua pelo público dos bares e cafés era explicável. Como esses músicos anônimos viviam da contribuição eventual dos seus ouvintes, era nos cafés que encontravam o tipo de auditório mais receptível à sua arte, uma vez que a simples presença, num bar, representa sempre um momento de disponibilidade e de predisposição aos prazeres do espírito (ou um dos nomes do álcool não seria exatamente *espírito*).

Segundo o cronista, o Rio de Janeiro, cidade "essencialmente musical", não podia passar sem seus músicos ambulantes, os

---

[2] João do Rio, *A alma encantadora das ruas*, p. 93.

artistas desconhecidos que ele definia como "os descendentes dos tocadores da flauta, caros aos deuses da Hélade".

Entre esses músicos de rua, João do Rio citava como o mais antigo da cidade, naquele início de século, o velho Saldanha: "Quem não conhece o Saldanha", escrevia João do Rio, "um velho português baixo, gordo e cego, que tocava viola há mais de vinte anos com um negro também cego da ilha da Madeira, flautista emérito?".

O cego Saldanha, conforme ainda lembrava o cronista, fazia-se acompanhar "por um guitarrista escovado, que fazia a cobrança e ainda por cima era poeta, compunha cançonetas", inclusive uma que — afirmava João do Rio — "a cidade inteira cantou":

> "Zás-trás, zás-trás
> Malaguete no cabaz
> Com jeito tudo se arranja
> Com jeito tudo se faz".[3]

A popularidade do português Saldanha deve ter sido realmente grande no Rio de Janeiro de fins do século XIX e inícios do seguinte porque, ao relembrar os tipos curiosos da cidade em suas memórias cariocas, o escritor Luís Edmundo anotaria, embora confundindo o instrumento tocado pelo cego:

> "Outro que nunca falta é o cego Saldanha, figura conhecida da cidade, baixo, rotundo e gebo, grande tocador de guitarra:
> 'Meu Senhor de Matosinhos
> Que é dono deste arraiale,
> O mais pobre e mais catita
> Que hé em todo o Portugale!

---

[3] João do Rio, *op. cit.*, pp. 94-5.

Dai ao Saldanha, que é cego,
Vossa ajuda, sem iguale'".⁴

O Saldanha cantava não apenas essas canções saudosas da terra, mas os sucessos brasileiros do momento, e sempre "com os olhos cheios de pus, pregados nas sacadas de corda, por onde espiam através da traparia que esvoaça, mulheres gordas de lenço à cabeça e grandes argolas de metal dependuradas nas orelhas".⁵

E conforme lembrava João do Rio, quando por acaso esse público necessariamente pouco polido se desgostava com o som da flauta, viola e guitarra portuguesa, gritando por molecagem a frase irônica "Ó Lírico ambulante", o cego Saldanha — "pançudo, grave, imperturbável" — virava-se na direção de onde partira a pretendida injúria, e limitava-se a responder com dignidade: "Obrigado pelo elogio!".⁶

Segundo ainda depoimento do mesmo cronista, ao entrevistá-lo, naquele início do século XX, o cego Saldanha havia juntado tantas moedas atiradas das janelas pelo seu público humilde, que já não precisava trabalhar. O companheiro da flauta fora para Portugal, onde vivia casado. O guitarrista da canção "Zás--trás" "conseguira tudo com jeito". E, finalmente, o próprio Saldanha, "considerado como um velho artista diante de um copo de cerveja", podia revelar ao cronista-repórter, com orgulho, ter chegado a estender seu sucesso ao plano nacional: "'Fizemos várias *tournées*', disse-me ele, 'percorremos o Brasil, do Rio Grande do Sul ao Pará. Ajuntamos alguma coisa...'".⁷

No Rio de Janeiro, mesmo após a dispersão do conjunto do cego Saldanha, nunca faltaram músicos para o público das

---

⁴ Luís Edmundo, *O Rio de Janeiro do meu tempo*, 2ª ed., Rio de Janeiro, Editora Conquista, 1957, vol. 1, p. 179.

⁵ Luís Edmundo, *O Rio de Janeiro do meu tempo*, vol. 1, pp. 178-9.

⁶ João do Rio, *op. cit.*, p. 95.

⁷ João do Rio, *op. cit.*, p. 96.

ruas, dos bares e das tascas mais reles. Em sua colorida descrição do "armazém-botequim do Carrazães", um comerciante *doublé* de seresteiro do desaparecido morro de Santo Antônio [hoje a avenida Chile, no Rio], no início do século XX, Luís Edmundo descobria "ao fundo do estabelecimento, onde está o relógio e o armariozinho do fumo e das caixas de fósforo", "um tocador de violão, o pé sobre um caixote de banha e, em torno, um grupo de atentos admiradores, formados em plateia numerosa e aquecida".[8]

O cantor mestiço (e curiosamente o morro de Santo Antônio erguia-se por trás do Teatro Lírico, onde costumavam exibir-se para a elite as grandes companhias estrangeiras de bel-canto) dedilhava seu violão ante o silêncio respeitoso e comovido do público consumidor de cana e capilé. E quando terminava sua canção — recordava Luís Edmundo — "o próprio Carrazães, que é estrangeiro e de alma contrária à nossa, comove-se sentindo o arfar daqueles corações, e até a caixeirada ativa que serve sobre o balcão a dose do capilé ou da cachaça, faz mover com cuidado o vidro e a louça do serviço para ouvir melhor".[9]

Esse mulato tocador de violão pertencia como tudo indica à categoria dos amadores. Mas tal como o cego Saldanha e seus companheiros, havia muitos que, após a exibição musical, faziam passar o pires entre o público, para recolher o prêmio espontâneo do povo à sua arte.

Em uma crônica da série "Século XX", publicada em 1928 na revista *Fon-Fon!*, do Rio de Janeiro, um oportuno cronista de costumes cariocas, que se assinava apenas Jacintho, fixaria para a posteridade a figura de um desses artistas das ruas: "Encontrei-o", escrevia Jacintho, "ali, na Rua do Rosário, entre carroças cheias de sacos de carne-seca e carrinhos de mão carregados de latas de banha". E descrevia o artista anônimo:

---

[8] Luís Edmundo, *O Rio de Janeiro do meu tempo*, vol. 2, p. 269.

[9] Luís Edmundo, *op. cit.*, p. 271.

"Alto, magro, ombros encolhidos. A pele preta, já enrugada, mas de um preto sem brilho, embaciado pelo tempo. Os cabelos grisalhos, a boca vazia de dentes, os olhos brancos, cegos, inúteis...".[10]

Esse "tipo vulgar de sofredor..., roupas comuns, batidas pelo uso", era conhecido pela flauta onde, afirmava o cronista, soprava "as músicas populares que a cidade ouve displicentemente":

"Tem como guia um rapazola, um garoto de uns doze anos, que toca violão. E os dois, de mãos dadas, percorrem as ruas centrais da cidade, ele tocando flauta, o garoto cantando e tocando violão".

E o mesmo Jacintho acrescentava:

"Param às portas dos cafés, à entrada dos restaurantes. E ali ficam, horas esquecidas, a remoer os temas das canções populares e a repisar o sentimentalismo das modinhas. Depois, calados os instrumentos, o garoto sai, correndo em pires de ferro esmaltado, esmolando à caridade".[11]

Pelas descrições dos cronistas da vida popular carioca, principalmente, pode-se perceber que, atingido determinado momento do processo de diversificação social, é o próprio mecanismo da vida urbana que gera os tipos de artistas de que necessita para entretenimento das camadas sem acesso aos quadros comuns do aproveitamento do lazer. Isto é, sem possibilidade de frequentar teatros, cinemas ou festas caseiras, o próprio povo miúdo das ci-

---

[10] Jacintho, "O homem da flauta", série "Século XX", *Fon-Fon!*, Rio de Janeiro, 31 de março de 1928.

[11] Jacintho, *op. cit.*

dades forma espontaneamente os seus artistas, e ainda eventualmente permite que alguns deles estendam o conhecimento dos seus talentos ou habilidades a outras classes, através de exibições nas ruas, praças, restaurantes ou botequins.

De fato, a memória entre comovida e divertida de alguns cronistas brasileiros, do Norte e do Sul, tem demonstrado em páginas sobre a vida popular de suas cidades como o surgimento dos artistas anônimos acontece de forma semelhante em todo o Brasil.

Em uma série de crônicas escritas para a imprensa gaúcha de fins do século XIX até meados da segunda década do século XX, quando morreu, Aquiles Porto Alegre ajudou a salvar para a história do povo uma longa lista de tipos curiosos e artistas humildes do Sul. Em uma dessas crônicas, reunidas em 1940 no livro *História popular de Porto Alegre*, editado catorze anos após sua morte, Aquiles Porto Alegre lembrava sob o título "A música das ruas" o tempo recuado de fins do século XIX, em que "as ruas da cidade eram atravessadas por músicos ambulantes", que "quase sempre apareciam em grupos de quatro figuras: um harpista, dois violinistas e um flautista".

Por influência da colonização europeia, então dirigida predominantemente para o Sul, o nível da música de rua de Porto Alegre seria naquela época mais elevado do que em outras cidades brasileiras. Talvez mesmo o Rio de Janeiro, pois — como fazia questão de frisar o cronista — não se devia imaginar "que estes músicos ambulantes eram simples tocadores de berimbau, sujeitos sem alma nem sentimento artístico, que andavam atordoando as ruas em 'lá, mi, ré de escala abaixo ou em solfa de fá bordão'"[12] (característica dos tocadores populares das camadas baixas brasileiras).

---

[12] Aquiles Porto Alegre, "A música das ruas", in *História popular de Porto Alegre*, organizada para as comemorações do bicentenário da cidade e oficializada pela Prefeitura, Porto Alegre, 1940, p. 101.

No entanto, apesar das "harmonias arrebatadoras em que se destacavam os trechos mais populares e tocantes do *Trovador*, da *Traviata*, da *Lúcia*, da *Sonâmbula*, e de outras joias do teatro lírico italiano", executadas nas ruas por esses grupos de músicos imigrantes, o que parecia mesmo ter ficado definitivamente no ouvido de Aquiles Porto Alegre era, afinal, a arte de mais um músico negro cego, como tantos gerados pela pobreza das grandes camadas das cidades.

Era, pelo menos, com a descrição da figura desse mesmo negro João Batista, tocador de violão, que o cronista gaúcho encerrava suas páginas repletas de reminiscências musicais:

> "Outro músico das ruas, que me deixou arraigada lembrança, foi o João Batista, um crioulo cego, de legítima e limpa descendência africana, que floreava no violão como um anjo.
>
> Era encontrado diariamente de violão a tiracolo, um enorme cajado, por causa dos cachorros, dizia ele, e apesar de não enxergar absolutamente, caminhava firme, e nunca se perdia, nem quando se desviava do seu itinerário habitual.
>
> Não pedia esmolas; mas recolhia uma boa féria diária, porque tinha muitas casas conhecidas, principalmente de comércio, onde ele ia 'chorar o buzo'...".[13]

No Nordeste, mais exatamente em Pernambuco, outro cronista, Eustórgio Wanderley, fixaria também numa série de crônicas publicadas no início da década de 1950 pelo *Jornal do Brasil*, do Rio de Janeiro, sob o título "Tipos populares do Recife antigo", algumas figuras de músicos do povo, entre os quais sobressaía a de outro cego, o Lezeira.

---

[13] Aquiles Porto Alegre, *op. cit.*, pp. 102-3.

Conhecido em toda a cidade por sua gaita de boca e seu prodigioso ouvido, Lezeira (*leso*, na linguagem popular pernambucana, é adoidado, idiota) nada tinha de bobo, e em lugar de se irritar quando alguém o chamava pelo apelido depreciativo, respondia sobranceiro como o português Saldanha, do Rio de Janeiro: "Pronto, meu patrão!".

O que não deixava de ser uma fina ironia porque, como lembrava Eustórgio Wanderley, "todo mundo era 'seu patrão', embora ele não fosse empregado de pessoa alguma".[14]

Executando em sua gaita "dobrados, polcas, *schottisches* e todos os gêneros de música das bandas musicais... de verdade", o cego Lezeira percorria as ruas do Recife ligeiro como se enxergasse, e aos que estranhavam o seu tino explicava que conhecia as ruas pelo cheiro:

> "A Rua Nova, a do Cabugá, a do Crespo e a da Imperatriz têm cheiro de 'imudezas', de água-flórida, de patchuli. As ruas da Aurora e do Sol têm 'cheiro d'água' porque ficam na beira do rio. A Rua da Praia tem cheiro a couro, por causa das lojas de sapatos que tem ali. A Rua do Apolo tem cheiro de engenho porque tem muitos armazéns de açúcar. A rua de cheiro mais enjoado é a do Brum...".[15]

Por aqueles fins de século XIX, tempo a que remontava a memória do cronista pernambucano, pagamento à arte do Lezeira era feito "em pequeninas moedas de cobre de 10, de 20, de 40 réis (vinténs e dobrões) assim como de 50 e de 100 réis de nível, além das de prata de 500 e de mil réis", que ele conhecia pelo tato. Sentado sobre uma lata de querosene, em uma soleira de

---

[14] Eustórgio Wanderley, *Tipos populares do Recife antigo*, Recife, Colégio Moderno, 1954, p. 49.

[15] Eustórgio Wanderley, *op. cit.*, p. 50.

porta, o Lezeira, gaita nos lábios, "ia marcando o ritmo das músicas e batendo com o punho a imitar o bumbo. Dentro da lata vazia estava um dispositivo qualquer de lâminas de folha de flandres que imitava o chiado dos *pratos* de cobre fazendo parte das baterias das bandas de música".[16]

Quando o Lezeira precisava de um coro de assobios, como no caso do passo dobrado "Boêmios", popularizado pelas bandas do Recife, e cujo ponto alto era um *trio* assobiado pelos músicos, o cego contava com a ajuda dos meninos de rua, e então "muita gente parava para ouvir o Lezeira e sua banda de música improvisada".[17]

Segundo Eustórgio Wanderley, Lezeira tinha ouvido absoluto para música, e quando um dia se soube no Recife que uma banda da cidade de Escada preparava um dobrado inédito para lançá-lo durante uma visita à capital, a convite do Clube Musical Matias Lima, Lezeira foi enviado secretamente ao reduto dos escadenses em missão de espionagem, conseguindo decorar sem falha de uma nota o dobrado ouvido às escondidas durante os ensaios. O que levou os músicos da banda do Recife a ficarem devendo ao humilde artista do povo a glória faceta de receber a banda de Escada, na estação de Cinco Pontas, ao som do seu inédito dobrado.

A vida moderna das grandes cidades, no século XX, com sua pressa e sua indiferença, tornou mais difícil a comunicação com esses músicos espontâneos em todo o Brasil, e na maioria dos casos seus nomes quase nem mais seriam registrados, mesmo para dar notícia pitoresca das suas habilidades, como no caso de Lezeira.

Ainda assim, porém, escritores como o carioca Nelson Rodrigues souberam eventualmente valer-se literariamente da figura de alguns desses instrumentistas anônimos, ao transportá-los

---

[16] Eustórgio Wanderley, *op. cit.*, p. 51.

[17] Eustórgio Wanderley, *op. cit.*

para suas crônicas como símbolos poéticos de cidades cosmopolitas como o Rio de Janeiro:

> "Há um ceguinho na Rua do Ouvidor, que cito muito" — escreve Nelson Rodrigues em uma de suas crônicas de rodapé de jornal em 1973. — "Senta-se na calçada, puxa o violino e toca um tango, sempre o mesmo tango. Ao lado está o pires. Enquanto o ceguinho repisa 'La Cumparsita', os que passam pingam a moeda da sua piedade".[18]

Ao lado desse aproveitamento literário da figura dos tocadores de rua, o próprio interesse jornalístico é despertado às vezes por alguns desses tipos mais curiosos, e então o instrumentista das camadas humildes ganha — de quando em quando — a glória de uma notícia no jornal. Ainda no Rio de Janeiro, isso aconteceria na década de 1950 quando um menino que tocava sambas batendo em garrafas penduradas por barbantes no jardim da Cinelândia, no centro da cidade, chegou a merecer reportagens de revista e a ser convidado para tocar em números de variedades de teatro musicado. E novamente em 1973, quando o jornal *O Globo*, em sua coluna "Figuras da Cidade", revelava o mais recente representante dessa velha tradição musical das ruas: o cego José Fernandes Brandão, cearense de Viçosa, que, ao lado do filho pandeirista, o menino Laelson, reunia diariamente uma multidão de curiosos tocando o choro "Carinhoso", de Pixinguinha, em seu *balbiton*. *Balbiton* esse constituído por um instrumento criado por ele mesmo, e que se resumia numa corda de arame esticada sobre um berço de madeira, e cujos sons plangentes, tirados com a ajuda de um pedaço de vidro — e aí já entra-

---

[18] Nelson Rodrigues, crônica para o jornal *O Globo*, do Rio de Janeiro, e reproduzida em rodapé do *Jornal da Tarde*, de São Paulo, em 13 de fevereiro de 1973, p. 2.

va a tecnologia —, conseguiam vencer os ruídos da cidade graças a um alto-falante, após passarem por um amplificador alimentado por uma bateria de automóvel.

Dez anos depois, e agora em São Paulo, o mesmo choro "Carinhoso", de Pixinguinha, voltaria a promover a glória efêmera (depois transformada em tragédia pessoal) de um conjunto familiar de rua intitulado Terceira Geração do Choro. Formado por um interiorano paulista de Barretos, o tocador de violão José Gonçalves (que, jovem, na década de 1960, chegara a tocar guitarra elétrica em conjuntinhos de *rock*) e seus filhos gêmeos Charles (flauta) e Reinaldo (pandeiro), mais o caçula Alex (cavaquinho), o grupo começou a exibir-se nas ruas do centro de São Paulo a partir de 1984, diante das caixas de seus instrumentos devidamente abertas para receber moedas. Se o fato de três meninos tão novos tocarem choros de Jacó do Bandolim e Pixinguinha (os gêmeos tinham onze anos, o caçula ia fazer dez), já parecia fora do comum (normal era o violão do pai, de 42 anos), o som da flauta do pequeno Charles provocava admiração especial.

Durante quatro anos, pai e filhos tomavam quase todos os dias seu ônibus no bairro de Itaquera, na distante periferia de São Paulo, e iam espalhar pelas tardes comerciais do centro da cidade o buliçoso som dos seus choros, percorrendo um trajeto musical que começava em frente ao Teatro Municipal, na praça Ramos de Azevedo, e terminava na praça da República, depois de passar pelas ruas 24 de Maio e Barão de Itapetininga.

Pois nesses concertos de rua a flauta de Charles se destacava tanto que, em 1988, um jornalista e músico amador, impressionado com o talento do jovem instrumentista (agora com catorze para quinze anos), resolveu liderar um movimento em favor da gravação de um disco do flautista. Foi o começo do fim da trajetória da família de tocadores de rua da Terceira Geração do Choro. É que, encontrada por uma produtora de discos para brindes a empresa disposta a arcar com os custos da gravação, o interesse dos patrocinadores recaiu, oportunisticamente, apenas sobre a figura do flautista Charles. E, assim, em troca do pagamento de um cachê, o violonista José Gonçalves deixou, em maio de 1988, a sua casa em Itaquera para tomar o ônibus em direção à cidade, acompanhado pela primeira vez apenas por um filho: Charles, escolhido para figurar, com sua flauta, ao lado de profissionais do disco, na gravação do LP a ser lançado em janeiro de 1989 sob o título *Pinguinho de gente*. Os irmãos ficavam em casa, esmagados pelo peso de uma exclusão que o veterano flautista Altamiro Carrilho — chamado pelos produtores do disco a opinar sobre a qualidade do grupo Terceira Geração do Choro — classificou de injusta:

> "Eu não deixaria os outros meninos de fora. Se são bons para tocar na rua, são bons também para o estúdio. Você não imagina o que uma coisa dessas pode produzir na cabeça de uma criança".[19]

Foi como uma profecia: acabrunhado, três anos depois, por não conseguir ajuda para estudar na Filarmônica de Berlim com uma bolsa gratuita, o flautista Charles Ribeiro Gonçalves (que havia tempos já não saía às ruas com a Terceira Geração do Choro) mergulhou nas drogas, e passou a assaltar para sustentar o vício. Preso e condenado, Charles viu o irmão gêmeo seguir-lhe o caminho de tentativa de fuga da realidade. Realidade que, afinal, após o sonho da família, somente o pai continuaria a viver nas ruas, só que agora vendendo bonecos e bichinhos de brinquedo para sobreviver.

A partir da década de 1980, ao lado de nova geração de tocadores de bares — como os do antigo Bip-Bip carioca do Posto 5 de Copacabana, cujos clientes anotavam eles mesmos o que gastavam, com existência de calotes de apenas 1% —, começaram a aparecer nos grandes centros grupos de instrumentistas,

---

[19] Declaração ao jornalista Geraldo Mayrink, "Um toque de gênio na calçada", *Revista Goodyear*, jul.-ago.-set. 1988.

cantores e conjuntos de rua semiprofissionais, que não apenas exibiam sua arte, mas a possibilidade da compra de suas músicas gravadas em fitas cassete e, logo, em CDs.

Pois quando se pensava que essa tradição de músicos de rua, agora em sua nova fase de aproveitamento dos recursos oferecidos pela moderna tecnologia — caixas de som programado alimentadas por baterias, microfones etc. — pudesse transformar-se numa particularidade exclusivamente nacional, fenômeno da chamada globalização veio revelar uma inesperada realidade: a do advento de um som urbano internacional.

Aconteceu que, pelo correr dos anos 1990, tocadores de música andina — muitos deles atraídos ao Brasil pela moda dos bares especializados em ritmos latino-americanos, como o *America del Sol*, do bairro paulistano de Pinheiros — descobriram-se ao final de seus contratos literalmente jogados na rua. E foi a partir de então que, aproveitando a sugestão do próprio infortúnio, começaram a aparecer pelas ruas — primeiro em São Paulo, depois no Rio de Janeiro — grupos de músicos formados por bolivianos, peruanos e, eventualmente, chilenos, a fazer soar suas músicas típicas. Era a sonora festa andina dos morenos músicos índios ao sopro de suas quenas (flautas) e zampoñas (flautas de Pã), rasqueados de violões e charangos e marcação rítmica de bombos lagueros.

O mais antigo desses grupos seria em São Paulo o *Son de los Andes* que, apesar do nome, não fazia ressoar pelo centro da cidade apenas clássicos latino-americanos como "El condor pasa" ou "Gracias a la vida", de Violeta Parra, mas — e aqui talvez em homenagem ao McDonald's, diante do qual às vezes se postavam — também os *standards* da música internacional, como o "Yesterday" dos Beatles, ou o "We are the world", de Michael Jackson e Lionel Richie.

Ao *Son de los Andes*, que misturava bolivianos, peruanos e um chileno, viriam juntar-se os bolivianos do trio *Nueva Expresión*, e os peruanos do *Grupo Indoamerica*, que já admitia um brasileiro na bateria.

O que distinguia esses grupos de tocadores de rua, já integrados no fundo ao repertório da música de massa internacional, era a preocupação comum de oferecer ao público, entre um número e outro, os CDs com suas músicas gravadas certamente na esperança — não confessada, mas sempre presente — de um dia alcançarem as glórias da mídia.[20] E como de fato aconteceu, ao menos uma vez em São Paulo, com o cantor Edson Cordeiro, ao passar de intérprete de árias de ópera e *jingles* de casas de *fast-food* do centro da cidade, a estrela do espetáculo *Rock and Pop*, promovido na Alemanha em setembro de 2004 pelo Berliner Gay Forum.

---

[20] Informação sobre grupos andinos encontrada nas reportagens da imprensa: "Músicos levam a vida tocando nas ruas de S. Paulo", *O Estado de S. Paulo*, tabloide "Seu Bairro-Centro", de 17 de janeiro de 1995; "Grupo andino ilustra 'Mercosul' das ruas", *O Estado de S. Paulo*, tabloide "Seu Bairro-Centro", de 11 de setembro de 1996; "Arte de rua tem endereço", *Folha de S. Paulo*, caderno "Acontece", de 2 de fevereiro de 1997; "Calçada da fama", matéria de capa da revista *Já*, encarte do jornal *Diário Popular*, de São Paulo, ano II, nº 85, de 21 de junho de 1998.

3.
OS VENDEDORES DE MODINHAS

A crescente popularidade da modinha e do lundu-canção permitiu, em fins do século XIX, o aparecimento de um tipo novo de menestrel urbano: o vendedor de livretos ou jornais de *modinhas*.

No Rio de Janeiro, onde a instalação das primeiras indústrias, ao fim do Segundo Reinado, fizera aumentar enormemente a massa popular — que passava a ser integrada não apenas pelos antigos funcionários de serviços públicos, comerciários, artesãos e biscateiros, mas por novas gerações de operários —, o hábito de cantar tornou-se uma forma de exercício do lazer.

Está claro que, uma vez criada com a proliferação das canções toda uma literatura em versos, representada pelas letras daquelas músicas cantadas, a sua divulgação acabaria interessando comercialmente os editores de livretos de cordel urbanos, havia longo tempo especializados na publicação de cenas cômicas como o "Amor pelos cabelos", de poesias como a "Doida de Albano", de recitativas tipo "Noivado do sepulcro", de interpretações cabalísticas como o "Livro dos sonhos" etc.

Essa inclusão das coleções de letras de modinhas, lundus, canções, cançonetas e recitativos na lista editorial dos livreiros especializados em publicações populares começou a se tornar frequente nos últimos vinte anos do século XIX. Sob o nome *Lira* (*Lira do trovador*) ou simplesmente *Trovador* (*Trovador brasileiro*), essas pequenas publicações destinadas às novas camadas populares urbanas situadas na escala social um degrau acima da massa inculta, tinham inicialmente o formato de livro, no tamanho médio de 18 x 12 cm, e iam contribuir para a fama de pelo menos um editor do Rio de Janeiro: o popularíssimo Quaresma, da Livraria do Povo, um curioso personagem que, mesmo quando escrevia prefácios na primeira pessoa, assinava-se *Quaresma & Cia.*

Nos livrinhos de Quaresma & Cia. Livreiros Editores, da rua São José, 65 a 67, milhares de pessoas dos mais diferentes pontos do Brasil (onde os folhetos chegavam pelo correio) tomavam conhecimento das mais recentes produções dos primeiros autores populares a fazerem constar seu nome debaixo do título das composições. E entre os quais se contava, na virada do século XIX para o XX, o ex-palhaço de circo e soldado do Corpo de Bombeiros Eduardo das Neves, de quem *Quaresma & Cia.* escreveria em 1905, prefaciando o livreto *Mistérios do violão*:

> "Para elogio do eminente trovador popular, basta dizer que não são unicamente os tocadores de violão, Cafajestes, o Povo da Lira, que cantam e aplaudem suas canções. Em muitas casas de família, nos aristocráticos salões de Petrópolis, Botafogo, Laranjeiras, Tijuca, etc., senhoritas distintíssimas, e virtuoses conhecidos fazem-se ouvir, em noites de recepção, nas cançonetas de Eduardo das Neves".

Foi para ajudar a divulgação e a distribuição desses folhetos — na segunda década do século XX já atingindo mais de trinta títulos, alguns deles com várias edições — que surgiu a figura do vendedor de modinhas.

O vendedor de modinhas — invariavelmente um negro, mestiço ou branco das camadas mais baixas da cidade — constituía um tipo muito especial no quadro da espontânea divisão do trabalho nascida da desorganizada sociedade do início da República. Se podia ser equiparado aos modernos distribuidores de jornais e revistas, uma vez que era obrigado a fazer um depósito, ou a comprar com desconto os folhetos de modinhas aos editores, sua função porém não era tão simples: ao vendedor de modinhas correspondiam ainda os papéis de jornaleiro (pois que era ele mesmo quem vendia os exemplares pelos bairros), e de propagandista da mercadoria (uma vez que a anunciava cantando). E era isso que lhe conferia, afinal, uma situação especialíssima, pois, ao anunciar sua mercadoria cantando, o vendedor de modinhas acabava assumindo o papel de artista popular, ou seja, de moderno menestrel capaz de viver da poesia e da música alheias com a comissão que tirava na venda dos folhetos em que se registravam as letras das canções.

A exceção a tal condição — que em alguns casos de fato ocorria — dava-se nos casos em que o vendedor de modinhas não passava de simples empregado de atravessadores, como o "dono de uma taverna sórdida do largo de São Domingos", citado pelo cronista João do Rio, e sobre quem afirmava, em tom de denúncia, que "já se fez o entreposto da rima imperfeita e açambarca o *stock* mandando imprimir tudo por sua conta".[1]

A proliferação desses vendedores de publicações periódicas constituía, aliás, fenômeno crescente desde os últimos anos do século XIX, por uma coincidência de razões socioeconômicas. Como, por um lado, havia no Rio de Janeiro excedente de mão de obra urbana, representada pelo afluxo de trabalhadores rurais não qualificados após a abolição da escravidão, e, por outro lado, a atividade editorial expandia-se com o aparecimento dos romances de folhetim, da venda de partituras de piano, de livrinhos de decifração de sonhos para palpites destinados ao jogo do bicho, de romances populares e livros de anedotas, e dos próprios folhetos de modinhas, eram os filhos do povo mais bem-dotados que se encarregavam de substituir — com seu talento e vivacidade pessoais — as redes de livrarias e de bancas de jornal

---

[1] João do Rio, "A musa urbana", revista *Kosmos*, ano II, nº 8, agosto de 1905.

que ainda não era possível formar, e só viriam a aparecer muito mais tarde.[2]

De posse das rumas de folhetos retirados das tipografias para a venda ao público, os vendedores de modinhas equilibravam a pilha geralmente no braço esquerdo, e dirigiam-se aos bairros mais distantes da cidade, exibindo com a ajuda da mão direita um dos exemplares, cuja capa voltavam na direção dos passantes para despertar-lhes a curiosidade.

Como sabiam, por experiência, que o público potencial de tais publicações eram os modestos moradores das casas de vilas, dos cortiços e casas de cômodos do centro da cidade e dos bairros mais populosos, e ainda as empregadas domésticas das casas elegantes, os vendedores de modinhas paravam em lugares estratégicos da rua para soltar seu canto, exibindo de longe a capa do folheto seguro na ponta dos dedos, com o olhar sempre atento ao possível aceno dos interessados.

Na escolha da canção com que anunciavam os folhetos — mais tarde conhecidos simplesmente como *jornais de modinhas*, quando do aumento do seu formato[3] — esses cantores de rua revelavam invariavelmente o seu rosto artístico. Enquanto uns, do-

---

[2] Curiosamente, essa atividade suplementar da distribuição e venda de certos impressos ainda era feita em plena segunda metade do século XX, quando condições especiais de publicação impediam a sua colocação nas bancas de jornal. Na década de 1960 o autor viu no enorme mictório público do edifício da estação da Estrada de Ferro Central do Brasil, no Rio de Janeiro, um mulato vendedor de folhetos de voz rascante, que anunciava seu artigo proibido: "Olha que é só para homem! Anedotas de Bocage! É sacanagem só para homem!".

[3] No tempo das *liras* e *trovadores*, ou seja, de fim do século XIX até os anos 20 do século seguinte, os folhetos tinham o formato médio de 18 x 12 cm. A partir de fins da década de 1920 apareceram folhetos de 24 x 16 cm (*Almanaque das Modinhas*, *A Lira da Mocidade*), e, finalmente, os tablóides de 38 x 20 cm, dos quais os mais famosos e duradouros seriam o *Jornal de Modinhas* e *A Modinha*, respectivamente editados por Menotti Palmieri e Angelo Delattre.

brando a cabeça para trás, entregavam-se aos arroubos das modinhas românticas, puxando fôlego para a sonora explosão do dó de peito,[4] outros escolhiam no repertório do folheto à venda um lundu — ou, já na década de 1930, um samba de breque mais engraçado — o qual cantavam imitando quase sempre o estilo do cantor que o gravara em disco.

Essa minúcia psicológica seria percebida, ainda na década de 1930, por redator anônimo da revista carioca *Tit-Bits* que, após abrir sua crônica com a afirmação "O vendedor de modinhas é um Francisco Alves que falhou", acrescentava: "Há dentro de cada um desses cavalheiros uma esperança arraigada de ser astro".[5]

No caso do Rio de Janeiro, ao espalharem-se pelos mais diferentes pontos da cidade, os vendedores de modinhas — artistas de rua, num tempo em que somente os espetáculos de circo estavam mais ou menos ao alcance de gente humilde — conseguiram muitas vezes ter seus nomes conhecidos, chegando alguns deles a merecer a posteridade nas memórias de uns poucos cronistas curiosos das coisas do povo.

Um desses cronistas, Luís Edmundo, autor da obra *O Rio de Janeiro do meu tempo*, contribuiu para salvar do anonimato a pitoresca figura de um dos menestréis cariocas do início do século XX, Pedrinho do Largo. No primeiro volume de suas memórias do Rio de Janeiro, o atento Luís Edmundo, rememoran-

---

[4] Efeito inspirado pelo canto de estilo operístico, representado pela sustentação vocal da última nota de uma frase musical. No caso dos cantores de modinhas esse efeito correspondia sempre a um propósito ingênuo de exibição da própria voz.

[5] "Psicologia urbana", *Tit-Bits*, ano I, nº 4, Rio de Janeiro, 24 de setembro de 1937, p. 31. O autor da crônica não assinada dava conta, ainda, do aparecimento no Rio de Janeiro, por aquela mesma época, de uma dupla de cantores-vendedores de modinhas que entoava as músicas em dueto: "[...] um com violão e primeira voz e o outro com cavaquinho e arremedos de segunda voz".

do os tipos curiosos que conhecera na primeira juventude, após lembrar divertidamente a figura exótica do homem dos sete instrumentos, referia-se ao vendedor de modinhas escrevendo:

> "O grande sucesso do quarteirão, no entanto, é o Pedrinho do Largo, vendedor de modinhas, mulato sarará, que veste roupa de brim-d'angola, sapato de corda e chapéu três-pancadas, com aba tapando o olho esquerdo, um olho bambo, sensual, que ele, por vezes, atira às janelas onde há raparigas que se dependuram perguntando:
> — Tem a modinha do 'Olá, 'seu' Nicolau, você quer mingau'?
> E, logo, o mestiço pernóstico, pegando a deixa, com a sua voz esganiçada de vendedor de sorvete, respondendo, de chofre:
> 'Mingau não quero,
> Eu quero é amor!...'".[6]

Após registrar que o Pedrinho do Largo trazia "debaixo do braço, em pacotes, nos bolsos e nas mãos, obras-primas do repertório de modinhas nacionais", Luís Edmundo observava que ele não as apregoava, mas cantava-as. E, logo adiante, ainda com muita precisão, deixava claro o caráter de certa maneira artístico que essas audições de rua assumiam diante do público humilde a que se dirigiam: "Quando Pedrinho do Largo canta no beco", escrevia, "as sacadas de ferro transbordam de moradores, de interesse, de alegria e de emoção".[7]

Esse interesse pelo canto de propaganda dos vendedores de modinhas seria testemunhado, ainda no início do século XX, por outro memorialista, o historiador espanhol de nascimento e ca-

---

[6] Luís Edmundo, *O Rio de Janeiro do meu tempo*, vol. 1, pp. 179-80.

[7] Luís Edmundo, *op. cit.*, p. 180.

rioca de adoção Adolfo Morales de Los Rios Filho, que no seu livro *O Rio de Janeiro de outrora*, de 1946, embora revelando uma ponta de preconceito contra a figura que descrevia, assim o recordava:

> "O *modinheiro*, ou vendedor de *modinhas* — geralmente um desocupado — percorria as ruas cantando desafinadamente. As *modinhas* sempre correspondiam a um drama ocorrido na cidade, a um caso escandaloso ou acontecimento público. O *modinheiro* anunciava primeiramente os títulos das cantorias: 'O crime do Carleto'! 'A mula sem rabo'! 'A mulher sem cabeça'! 'O crime do baú'! 'A urucubaca'! depois cantava algumas quadras e, por fim, proclamava o precinho do impresso. Os frangotes e, principalmente as criadas, corriam à rua e gastavam seus níqueis. E desde então, nas *estalagens*, nas *cabeças de porco*, nas cozinhas, nos tanques, os ares eram atroados com a cantoria preferida".[8]

O *precinho* dos livretos não era tão barato quanto dá a entender o diminutivo do historiador-memorialista. Por um extrato do catálogo das edições da Livraria de J. G. de Azevedo, da rua da Uruguaiana, 33, no Rio de Janeiro, publicado em 1896, verifica-se que, já naquele fim de século, a coletânea de modinhas e recitativos da *Lira do trovador* era vendida a um mil-réis, enquanto por apenas quinhentos réis, a metade do preço, se podia comprar a *Conferência do dr. Vicente de Sousa — O Império e a escravidão*, ou a *Coleção de artigos de propaganda republicana*, de Silveira Calado.

---

[8] *Apud* Victor Sá, *Terra carioca*, Rio de Janeiro, Editora Alba Ltda., 1961, em que Sá transcreve, sob o título "Figuras das ruas" (pp. 247-53), capítulo do livro *O Rio de Janeiro de outrora*, de Adolfo Morales de Los Rios Filho, publicado em 1946.

Quanto à lembrança dos temas das músicas cantadas corresponderem sempre "a drama ocorrido na cidade, a um caso escandaloso ou acontecimento político", deve-se certamente ao fato de as impressões de Morales de Los Rios Filho recuarem ao primeiro decênio do século XX, quando o prolífico cantor e compositor Eduardo das Neves se especializava em transformar em canções assuntos do momento, compondo músicas como "A peste bubônica", "O cozinheiro *art nouveau*" ou a "Saudação a Santos Dumont".

Bem mais compreensivo, outro contemporâneo das primeiras gerações de vendedores de modinhas cariocas, o repórter e cronista João do Rio, registraria na história da música popular o nome de mais um menestrel urbano, o Noite Sonorosa. Depois de escrever, referindo-se aos vendedores de livros de cordel urbanos, "há os que têm a arte do pregão e, longe de ir com um embrulhinho perguntar à casa do comprador se quer ficar com a 'História de Carlos Magno', soltam a voz em gorjeios estentóricos, como o Noite Sonorosa", João do Rio descia a pormenores importantes sobre o comércio dos livros de cordel em geral:

> "Cada sujeito desses pode passar a vida bem. As livrarias vendem baratíssimo os livrecos procurados. Em cada um, os vendedores ganham, no mínimo, seiscentos por cento. Há alguns que, trabalhando com vontade e sabendo laçar as orações, as modinhas ou a inefável 'História da donzela Teodora', arranjam uma diária de dez mil-réis, sem grande esforço".[9]

Era, pois, o testemunho do aproveitamento de uma nova atividade no campo da divisão do trabalho da cidade em transformação, o que o próprio João do Rio se encarregava de ajudar a compreender quando acrescentava:

---

[9] João do Rio, *op. cit.*, pp. 67-8.

"Daí [isto é, do fato dessa atividade da venda de livros populares se tornar fonte de renda razoável], todo o dia aumentar o número de camelôs de profissão da miséria que todas as cidades têm, ávida e lamentável, num arregimentar de pobres propagandistas do Evangelho e do Espiritismo, de homens que a sorte deixou de proteger, de malandros cínicos, de rapazes vadios".[10]

No caso do Noite Sonorosa — assim apelidado por cantar em plena luz do dia a composição de Eduardo das Neves que dizia "Meu Deus, que noite sonorosa! O céu está todo estrelado" — a venda exclusiva de folhetos de modinhas não lhe renderia com certeza os dez mil-réis diários conseguidos pelos "camelôs de livros", mas ainda justificaria a sua exclusão do grupo dos "malandros cínicos" ou dos "rapazes vadios".

Como o simples fato de precisar cantar exigia certa dose de talento, a atividade de vendedor de modinhas podia eventualmente contar com elementos de reconhecidos dotes artísticos, como o boêmio e seresteiro Francisco Esquerdo, citado pelo carteiro Alexandre Gonçalves Pinto em seu precioso livrinho *O choro: reminiscências dos chorões antigos*.

Depois de se tornar conhecido durante muitos anos nas rodas boêmias cariocas como cantor de serenatas, emprestando sua voz a grupos de músicos de choro em tocatas noturnas, Francisco Esquerdo, ao despertar no início da década de 1930 para a realidade da romântica dissipação que fora a sua vida de jovem, encontrou uma forma de não ceder à sua vocação e tornou-se vendedor de modinhas.

"Foi um grande cantor de modinhas ternas, fazia sucesso nas serenatas ao luar", lembrava Alexandre Gonçalves Pinto em seu livro de 1936, ao que acrescentava:

---

[10] João do Rio, *op. cit.*, p. 68.

"Ultimamente vivia vendendo folhetos e modinhas e quando entrava em um trem cantando uma novidade, agradava tanto, pois ainda possuía bela voz, e por esse motivo os folhetos eram arrebatados das mãos do mesmo!...".[11]

Segundo esse comovido testemunho do autor das reminiscências dos chorões antigos, Francisco Esquerdo, por aqueles meados da década de 1930, devia continuar ainda bem vivo na memória dos humildes clientes dos seus folhetos (pois que Alexandre Gonçalves Pinto o descreve cantando em trens suburbanos, quase certamente da Central do Brasil), e o sentido de sua perda para o povo ficaria magnificamente expresso nesta frase final do memorialista: "Francisco Esquerdo já é falecido. O seu desaparecimento deixou um claro nos vendedores de modinhas".[12]

Pois além de Pedrinho do Largo, Noite Sonorosa e Francisco Esquerdo, outro vendedor de modinhas — embora perdido em seu tempo na massa humilde de vozes anônimas — mereceria ter também seu nome lembrado: o romancista *best-seller* dos anos 1960 a 1980 José Mauro de Vasconcelos (1920-1984). Segundo depoimento ao autor deste livro, ainda muito menino, em inícios da década de 1930, o futuro escritor costumava acompanhar, fascinado, pelas ruas do subúrbio carioca de Bangu, o vendedor de modinhas, exatamente como também faria, "seguindo seus passos a distância", o personagem Zezé de seu romance *O meu pé de laranja lima*, de 1968.

Segundo José Mauro de Vasconcelos, sua atração de menino se devia à figura do vendedor de modinhas, que via apontar na rua com sua camisa de xadrez, paletó atirado sobre o ombro,

---

[11] Alexandre Gonçalves Pinto, *op. cit.*, pp. 199-200. Na citação foram respeitadas a pitoresca grafia e a pontuação do autor, cujo estilo oral foi felizmente conservado pela ausência de revisão dos seus originais.

[12] Alexandre Gonçalves Pinto, *op. cit.*, p. 200.

"lenço vermelho no pescoço e o chapéu caído para trás".[13] E o resultado foi que, anos depois, entre as muitas atividades que viria a desempenhar em sua aventurosa primeira juventude — carregador de bananas e garçom de boate, entre outras — ajuntaria a de vendedor cantante de modinhas.

Tal como se pode depreender pela melancolia do carteiro Alexandre Gonçalves Pinto, a atividade dos vendedores de modinhas atingia nos anos 1930 a categoria de uma classe perfeitamente reconhecível e identificável no quadro geral das atividades urbanas do Rio de Janeiro. Da mesma forma, aliás, como ainda por essa época se tornava também uma classe reconhecível e igualmente marginalizada, na mesma área popular, a dos recebedores de apostas de jogo do bicho, até hoje conhecidos por bicheiros. Pois, muito curiosamente, vendedores de modinhas e bicheiros chegaram a ter no início do século XX um ponto em comum: é que o principal atrativo de uma publicação do tempo destinada a fornecer palpites para o jogo do bicho era uma seção que publicava letras de músicas, a exemplo dos jornais de modinhas.

Alguns pormenores curiosos sobre esse original jornalzinho, intitulado *O Bicho*, são fornecidos não por qualquer historiador, mas por um despretensioso autor de um livrinho de memórias: o escritor Paulo Coelho Neto, um dos filhos do romancista Coelho Neto. Ao recordar numa crônica intitulada "Modinha", do livro de reminiscências *Relicário*, a figura da velha cozinheira de sua família, no Rio do início do século XX, Paulo Coelho Neto escrevia:

> "A Celeste, tendo contornado o mais sério problema [Celeste, a cozinheira, não sabendo ler ou escrever, fazia que o autor, então menino recém-alfabetizado, a ajudasse na tarefa de escrever os números de

---

[13] José Mauro de Vasconcelos, *O meu pé de laranja lima*, 22ª ed., São Paulo, Melhoramentos, 1974, p. 82.

seus palpites], resolveu ampliar seu campo de ação e passou a comprar um jornalzinho de quatro páginas intitulado *O Bicho*".

E Paulo Coelho Neto, em boa hora, acrescentava em sua crônica, contribuindo sem saber com um dado a mais para a história ainda não escrita da vida popular no Brasil:

> "Além de interpretação de sonhos, combinações de números e sensacionais palpites do dia em quase toda a fauna lotérica, *O Bicho* possuía também uma seção de modinhas. E de tanto lê-las para a Celeste, compenetrei-me de que elas abrangiam, em geral, as composições rimadas e musicadas. E foram as modinhas do *Bicho* que, de certo modo, me fizeram esquecer a aversão que eu nutria por versos".[14]

Para cumprir o papel de menestrel-jornaleiro, encarregado da venda de tantas publicações em que se divulgavam letras de

---

[14] Paulo Coelho Neto, *Relicário*, Rio de Janeiro, Borsói, 1956, p. 71. Em seu livrinho intitulado *Memória sobre o jogo do bicho, escrita por um soldado velho* (Rio de Janeiro, Irmãos Pongetti Editores, 1954), o cronista carioca Camilo Paraguaçu, além de confirmar a existência desse jornalzinho *O Bicho*, esclarecia: "Uma das influências do Jogo do Bicho foi a que se caracterizou pelo aparecimento de jornais de pequeno formato, destinados à publicação de anedotas, historietas, pequenos contos, todos atinentes ao joguinho. Assim, entre outros, recordo: *O Bicho*, *A Ronda*, *O Palpite* e mesmo *O Rio Nu*, que sendo um diário humorístico, muito noticiava a propósito do Jogo do Bicho. E o *Jornal do Brasil*?!... Esse mantinha um anúncio cotidiano sob o título 'A Joaninha'!". Uma coleção do jornalzinho *O Rio Nu*, hoje do Acervo Tinhorão do Instituto Moreira Salles (IMS), confirma a informação de memória do cronista de costumes cariocas, e mais: tal como em *O Bicho*, além de palpites para o jogo do bicho, ilustrados e em versos, *O Rio Nu* também publicava letras de cançonetas lançadas em peças do teatro musicado carioca.

canções, os vendedores de modinhas eram obrigados a acumular alguns talentos, além daquele mais importante de cantar. Como o acesso aos bairros mais distantes do Rio de Janeiro era feito por trens de subúrbio (onde, desde os tempos de Francisco Esquerdo até hoje, vendedores de folhetos e camelôs encontram clientela nos passageiros em trânsito, andando de carro em carro) ou, ainda, em bondes abertos, os vendedores de modinhas precisavam incluir à longa lista das suas virtudes algumas habilidades circenses. De fato, e apesar de terem sempre um dos braços ocupado pelo monte de folhetos, os vendedores de modinhas apresentavam-se quase sempre como agilíssimos *pegadores* e *saltadores* de bonde andando. Caminhando para trás com um bamboleado característico do corpo, quando o bonde se aproximava em velocidade, o vendedor de modinhas (como faziam, aliás, também os jornaleiros) saltava paralelamente ao corpo do carro elétrico para cair de pé sobre seu estribo, em sincronismo perfeito com a mão que alcançava o balaústre: "Vamos ler o *Jornal de Modinhas*!... Olha aí que tem as últimas novidades para o Carnaval!... Quem vai querer?".

E, percorrido o estribo de ponta a ponta, com a eventual interpretação cantada do estribilho de uma das composições, para despertar o interesse dos passageiros — tudo isso enquanto o bonde corria rangendo nos trilhos, e o "condutor" (como era chamado o cobrador) fazia soar a campainha do relógio registrando as passagens — o vendedor de modinhas podia, enfim, maravilhar os circunstantes com sua última habilidade: curvando o corpo, de pé sobre o estribo, no sentido contrário em que corria o bonde, suspendia ligeiramente a perna esquerda, e saltava de costas, pousando sobre o asfalto após um segundo suspenso no ar, a roupa folgada abanando ao vento.

Exatamente por necessitarem de tantas habilidades, a maioria dos vendedores de modinhas parece ter sido, de fato, recrutada sempre entre a gente daquela categoria classificada por João do Rio de "malandros cínicos" e de "rapazes vadios". Nesse sentido, ao conquistar em 1935 o prêmio de romance Machado de

Assis com seu livro *Marafa*, o escritor carioca Marques Rebelo contribuiu talvez para fixar definitivamente, no plano literário, a figura clássica de um vendedor de modinhas. De fato, da metade do seu romance em diante, um dos personagens mais importantes e mais vivamente retratados é o malandro Aristides Paixão, que "de chocalho em punho, o maço do *Jornal das Modinhas* e do *Timpanas* debaixo do braço", "para nas esquinas, cantando, o corpo quebrado numa atitude provocante" e "de lenço no pescoço, tamanco arrastando, vai pelas ruas como uma flor sonora da malandragem".[15]

Aristides Paixão, amigo e parceiro de falcatruas do malandro Teixeirinha do romance, anunciava — "Olha a coleção completa dos últimos sambas!" — dava "passos floreados", soltava piadas "olhando muito para as mulheres, e quando se dispunha a cantar avisava, deixando implícita a sua disposição consciente de comportar-se como um cantor de rádio: "Preparem os ouvidos! Vou irradiar".[16]

E seria certamente pela riqueza humana da sua figura de vendedor de modinhas, que o romancista escolheria, afinal, esse seu personagem Aristides para encerrar o romance num lance de tragédia, e deixando-o livre para continuar sua trajetória de personagem representativo do espírito popular da cidade onde se desenrola a história:

"Aristides foi detido como cúmplice, mas como não havia provas contra ele, não pagou nada. Livre de culpas, sem inquietação, sem incertezas, continua

---

[15] Marques Rebelo (Ely Dias da Cruz), *Marafa*, 2ª ed. revista, Rio de Janeiro, Empresa Gráfica O Cruzeiro S.A., 1947, p. 136. As expressões "lenço no pescoço, tamanco arrastando", por sinal, constituem citação expressa, pelo romancista, de um passo do samba "Lenço no pescoço", do compositor Wilson Batista.

[16] Marques Rebelo, *op. cit.*, p. 137.

cantando e vendendo modinhas. As esquinas se movimentam, as portas e janelas se apinham para ouvir o samba do dia da cidade: '*Eu quero morrer cantando samba...*'. Faz um breque de estilo, estacando o chocalho numa síncope de um segundo. Depois prossegue. É um desafio: '*Quero zombar da própria morte...*'. As mulheres amam-no alguns minutos. Ele vê, ele sente e passa. Deixa-as sem saudades, indiferente e forte como o sol".[17]

Com a diversificação e a ampliação das formas de divulgação de músicas e letras — o rádio, avassalador depois do advento do transistor, o disco, a televisão e a própria expansão da rede de bancas de jornal — foi esse personagem original da vida popular que desapareceu ao despontar da década de 1950. Mas ainda, como confirma a visão do romancista, morreu "cantando samba...".

---

[17] Marques Rebelo, *op. cit.*, pp. 211-2.

4.
OS PREGÕES

De todas as manifestações musicais do povo das cidades o pregão continua até hoje como das menos estudadas e documentadas, quer na parte da música, quer na das letras. Criação sonora de profissionais livres — vendedores e compradores dos mais variados objetos, doceiros, baleiros, sorveteiros, ou pequenos artesãos, como amoladores, consertadores de guarda-chuvas e panelas etc. — o pregão pode ser apontado como uma das formas mais antigas de publicidade do tipo *jingle*, considerada a origem mesma dessa palavra inglesa, que inclui, entre seus significados, o da "repetição de palavras de som igual ou semelhante, especialmente para chamar a atenção".[1]

Muitas vezes representado apenas pela entoação das sílabas de uma única palavra, de forma sonora, compassada e bem escandida — como o famoso grito dos portugueses compradores de garrafas vazias do Rio de Janeiro: "ga... rrra... fei... ro-o-o--o..." — o pregão revela uma tendência inapelável para transformar-se em música, uma vez que o apregoador, ao ir descobrindo aos poucos as amplas possibilidades da modulação da sua voz, acaba invariavelmente cantando em bom sentido os nomes dos artigos que tem para vender ou que deseja comprar.

As poucas notícias sobre a existência de pregões nos principais centros urbanos brasileiros encontram-se não em livros de folclore ou de música, mas na prosa sempre descomprometida de cronistas que, ao passarem em revista antigas impressões de suas

---

[1] Definição do *The Concise Oxford Dictionary of Current English*, Londres, Oxford University Press, s.d.

cidades, encontram ecoando, no fundo da memória, os gritos musicais dos vendedores de rua ouvidos na infância.

O fato de tratar-se reconhecidamente de criação ligada à existência de vendedores ambulantes permite situar o aparecimento dos pregões nas principais cidades brasileiras nos primeiros anos do século XIX, ou seja, simultaneamente no Recife, em Salvador e no Rio de Janeiro.

Na então Corte Imperial do Rio de Janeiro, o mais antigo e mais persistente dos pregões terá sido, ao que tudo indica, o famoso grito "sorvete, iaiá", com que negros e negras conclamavam as cariocas a experimentar a novidade surgida em 1834, após o desembarque de 160 toneladas de gelo trazidas dos Estados Unidos pelo navio *Madagascar*.

Iniciado com o grito puro e simples de "sorvete, iaiá", esse antigo pregão começaria a ser musicalmente ampliado com a enumeração das variedades em que era oferecido:

"Sorvete, iaiá
É de pitanga,
É de cajá,
E é de abacaxi!...".

Mais tarde, no fim daquele século, quando a maioria dos apreciadores de sorvetes passa a ser recrutada não mais entre as iaiás sedentas de novidades, mas entre o público infantil, grandemente aumentado no Rio com a explosão demográfica da era pré-industrial, um vendedor anônimo compõe os versos de uma canção-pregão que chegaria a ser gravada em disco, no princípio do século XX, pelo antigo palhaço de circo Mário Pinheiro, na pioneira Casa Edison, e no qual cantava:

"Sorvetinho, sorvetão
Sorvetinho de ilusão,
Quem não tem 300 réis
Não toma sorvete não...

> Taí, taí,
> Chegou, chegou,
> Quem não gosta de sorvete
> é porque nunca provou...
> (e gritando o pregão) Sorvete, iaiá!...".[2]

O lundu-canção, aproveitando ao que tudo indica sem qualquer modificação esses oito versos do pregão cantado dos sorveteiros cariocas vindos do fim do século anterior, continuava com Mário Pinheiro interpretando uma série de versos em que — já agora por conta do autor desconhecido do lundu — se traça humoristicamente a personalidade do sorveteiro, definido como um "moleque fino e estradeiro".

No teatro musicado, aliás, essa mesma canção "Sorvete, iaiá" (citada no volume do *Trovador brasileiro* de 1904 como "Cançoneta, música popular", o que indicava claramente a sua origem no pregão) era cantada por um "personagem vestido a caráter, e com uma sorveteira à cabeça". Segundo nota de esclarecimento no *Trovador brasileiro*, ao transcrever a letra de "Sorvete, yayá!" (como era grafado o título), o ator começava cantando "a primeira parte do estribilho nos bastidores e a segunda no proscênio", só então passando aos versos compostos para a cançoneta propriamente dita, em ritmo de lundu:

> "Não *jurgue* que o *sorvetêro*
> É *argum* bocó, não *sinhô*;
> Moleque fino e *estradêro*
> Dá tinta em muito *dotô*,

---

[2] "Sorvete, iaiá", lundu cantado por Mário Pinheiro, Odeon Record nº 108.142, selo azul com a bandeira brasileira. Nesse disco, gravado em meados da primeira década do século XX, a clássica voz que costumava apresentar a música a ser cantada nos discos produzidos por Frederico Figner diz, contrariando o título do selo: "'O sorveteiro', cantado pelo Mário para a Casa Edison, Rio de Janeiro".

Quando ele pula na rua,
No passo da distinção,
Freguesia é toda sua,
Dinhêro cai aos *montão*".

Como prova do reconhecimento do talento criador dos sorveteiros, improvisadores de pregões, aliás, o autor da cançoneta fazia cantar mais adiante, numa referência expressa aos dotes musicais do seu personagem:

"É preciso *sê* poeta
Pra *pudê improvisá*
E não *fazê* de pateta
Quando passa por Yayá
Se o cabra não *tivé peto* [peito],
Se não *fô* bom *cantadô*,
Negóço não sai *dereto*,
Sorvete cria *bolô*
Sorvetinho, sorvetão etc.".[3]

O memorialista carioca Luís Edmundo, por sinal, não deixou de registrar também em seu livro *O Rio de Janeiro do meu tempo* essa figura do primitivo sorveteiro, ao escrever:

"Particularmente interessante e pitoresco é o preto vendedor de sorvete, com a lata de sua mercadoria

---

[3] *Trovador de esquina*, Rio de Janeiro, Quaresma & Cia. Livreiros Editores, 1904, pp. 163-5. A letra completa transcrita consta de seis estrofes de oito versos em redondilha maior. Em sua gravação para a Casa Edison o cantor Mário Pinheiro, preocupado em entremear a interpretação da cançoneta com ditos engraçados, só tem tempo para cantar as duas primeiras estâncias, não chegando, assim, à parte mais importante da composição do ponto de vista documental.

envolta em panos, sempre brancos e asseados, apregoando em verso:

'Sorvetinho, sorvetão
Sorvetinho de tostão
Quem não tem um tostãozinho
Não toma sorvete, não!
Sorvete, Iaiá!'".[4]

Aliás, por esses primeiros anos do século XX — que é quando remonta a memória de Luís Edmundo — os sorveteiros cantavam o seu refrão não mais apenas transportando o sorvete em latas equilibradas no alto da cabeça, mas em carrinhos de três rodas, com a curiosa forma de navio. Parados nas esquinas, ou próximos a prédios de escolas, essa moderna geração de sorveteiros de carrocinhas ou triciclos de pedal encarregaram-se de dar continuidade à tradição do grito de "sorvete, iaiá", tão vivo ainda em 1935 que os compositores Nássara e Alberto Ribeiro não hesitaram em aproveitá-lo para uma marcha de Carnaval intitulada "Sorvete, iaiá", na qual diziam:

"Você vem do Polo Norte
Eu cheguei do Piauí,
Sorvete, iaiá
É de abacaxi

Eu sou quente, quente, quente
De marré de si
O frio da sua terra
Não se sente aqui...".[5]

---

[4] Luís Edmundo, *O Rio de Janeiro do meu tempo*, vol. 1, p. 57. Como se verifica, o cronista, escrevendo de memória, troca *ilusão* por *tostão*, e fala em tostãozinho, quando, na realidade, já no início do século, o sorvete custava trezentos réis, ou três tostões.

[5] A marcha "Sorvete, iaiá", cantada no Carnaval de 1936, foi grava-

Numa demonstração de vitalidade impressionante — considerando-se que as transformações do Rio de Janeiro praticamente eliminavam da paisagem urbana a figura do vendedor ambulante de sorvetes — o pregão do "sorvete, iaiá" chegaria ainda à década de 1940, na voz do cantor Jorge Fernandes, com o disco "Pregões cariocas", harmonizado pelo compositor Carlos Braga, o Braguinha ou João de Barro, fazendo-se lembrado ainda uma vez no grito:

> "Sorvete, iaiá
> É de coco
> É de coco-da-Bahia".[6]

Até que, afinal, em meados da década seguinte, na era do *long-playing*, o resistente pregão dos sorveteiros cariocas seria definitivamente gravado com caráter de evocação pelo escritor Álvaro Moreira. No LP de dez polegadas intitulado *Pregões do Rio antigo na voz de Álvaro Moreira*, o cronista gaúcho radicado no Rio desde 1910, após afirmar poeticamente que "os pregões cariocas escreviam no ar o poema da cidade", lembrava comovidamente a famosa quadrinha dos velhos sorveteiros, declamando e cantando:

> "Quando o sol se apagava, quando as lâmpadas se acendiam...
>
> (cantando)
> Sorvetinho, sorvetão,
> Sorvetinho de ilusão,

---

da no dia 27 de dezembro de 1935 pelo cantor Luís Barbosa, com acompanhamento do conjunto Diabos do Céu, de Pixinguinha, em disco Victor nº 34.013-B.

[6] Disco Odeon nº 12.988-B, Veroton, selo preto, lançado em 1949.

Quem não tem duzentos réis,
Não toma sorvete não...

Sorvete, iaiá?[7]
É de quatro qualidade:
É coco, é manga, é abacaxi, é creme...".

Com essa gravação poético-documental do escritor Álvaro Moreira, o já então mais que centenário pregão dos sorveteiros encerrava o seu ciclo sonoro de música das ruas cariocas, passando apenas à memória dos que, como o escritor Adelino Magalhães, lembravam-no como uma irresistível sugestão lírica ligada aos primeiros anos do século XX, quando "caminhavam sorveteiros pela solidão-lamparina das ruas de arrabalde: — era tão fraca a luz do gás! — 'Sorvete, Ioiô! Sorvete, Iaiá!'".[8]

Embora tenha ficado historicamente como o mais conhecido, o pregão dos sorveteiros figurou, na verdade, desde meados do século XIX, apenas como uma entre muitas vozes e sons com que o povo anônimo das cidades brasileiras enchia as ruas com a sua musicalidade.

Numa pequena crônica da seção "Diário das ruas", um redator não identificado da revista *Fon-Fon!* revelava admiravelmente o verdadeiro clima sonoro das cidades ao escrever, no número de 15 de agosto de 1914:

"O pregão de rua! Ah! a nossa extraordinária liberdade de apregoar nas ruas, de apregoar ou de chamar a atenção para a mercadoria que pretendemos

---

[7] LP Copacabana CLP 2.501-A (MLP-241).

[8] Adelino Magalhães, *Plenitude*, Rio de Janeiro, Cooperativa Cultural Guanabara, 1939. O arrabalde a que se refere o escritor, por sinal, era o bairro de Botafogo, onde por volta de 1900 passava as férias de colégio, vindo de Friburgo, no estado do Rio de Janeiro.

impingir. Não escolhemos os meios de reclame. Tudo serve, desde a voz até o reco-reco africano. O que é preciso é fazer barulho, muito barulho, ainda mesmo que isso possa incomodar o próximo".

E após comentar, com evidente espírito de crítica, o fato de não existirem "posturas que coíbam ou limitem este abuso", o cronista acrescentava, fornecendo valioso depoimento:

"Aí estão os doceiros com as suas gaitas musicais; o vendedor de miúdos com a sua corneta, os baleiros com o seu reco-reco, enfim, toda a infinidade de instrumentos que servem para amolar a nossa paciência... e vender a nossa mercadoria".[9]

Da sua lista de vendedores ambulantes mais musicais, os "baleiros com seu reco-reco", quatro anos depois, iam merecer destaque na seção "Tipos da rua", da revista *Selecta*, em crônica assinada pelo colaborador Álvaro Sodré, e que abria desde logo com os versos do pregão mais conhecido dos baleiros:

"Baleiro, balas de coco,
Hortelã-pimenta e abacaxi:
É de alteia, morango e damasco,
E mais para quem pedi.

Eu sou baleiro
Da Capitá,
E vendo balas
Pra sinhá chupá.
Baleiro, Yayá!...".

---

[9] *Fon-Fon!*, ano VIII, nº 33, com data de 15 de agosto de 1914.

O cronista — que, aliás, demonstrava visão elitista ao definir os pregões dos vendedores de balas como "chusma de asneiras", cantada "de todos os modos e em todos os tons pela cidade inteira" —, observava que os baleiros se pareciam muito, variando apenas na "cor que vai gradativamente do preto retinto e opaco ao mulato disfarçado e chega até o ruivo": "São pernósticos, galhofeiros. Usam cabeleiras de pastinhas engraxadas e trazem sempre um lenço vermelho ao pescoço à guisa de colarinho".[10]

E após afirmar que "toda a Cidade Nova é vítima desta praga que tem seu 'quartel-general' na praça da Bandeira", revelava serem os baleiros ágeis tomadores de bondes em movimento (dizia-se "pegar bonde andando"), para irem com seus cestos de vime presos ao corpo por correia passada atrás do pescoço, "de balaústre em balaústre a vender balas e biscoitos repetindo o velho estribilho: 'Baleiro, balas de coco,/ Hortelã-pimenta e abacaxi'".[11]

Dos gritos surgidos documentadamente já no século XX — pois muitos vinham do século anterior, como o dos portugueses vendedores de perus: "— Olha ôôô pru da roda vô-ôôô-a!", ou das vassouras: "— Vai vassouôôôôra, vai espandoire", como lembra Luís Edmundo em seu livro *O Rio de Janeiro do meu tempo* — um estava destinado a contribuir para a música popular brasileira de forma absolutamente inesperada: o pregão do "Rato! Rato!".

O pregão surgira em fins de 1903, quando o então diretor-geral da Saúde Pública do Rio de Janeiro, higienista e bacteriologista Osvaldo Gonçalves Cruz, foi nomeado no governo do presidente Rodrigues Alves com a missão de acabar com os ratos

---

[10] Álvaro Sodré, "Os baleiros", seção "Tipos da rua". *Selecta*, ano IV, nº 50, de 16 de dezembro de 1918.

[11] Álvaro Sodré apontava ainda nessa sua citada crônica como sendo "dos mais antigos baleiros do Rio" um ex-praça expulso do Batalhão Naval, ainda vivo em 1918, que desde o início do século XX perambulava desde o Passeio Público até o bairro de Botafogo anunciando "balinhas de ovo", com "voz cavernosa e triste".

transmissores da peste bubônica. Para estimular a matança dos animais, Osvaldo Cruz determinou a compra de ratos mortos pela Saúde Pública a um tostão (cem réis, décima parte da moeda divisionária da época, que era o mil-réis), e a medida desencadeou uma quase histeria coletiva. Toda a população pobre do Rio de Janeiro desandou a perseguir os ratos que infestavam a cidade (calculou-se em 10 milhões o número de ratos mortos durante a campanha), e, em consequência, surgiu um novo tipo de intermediário comercial: o comprador de ratos que adquiria os animais mortos em domicílio e depois os revendia ao departamento de Saúde Pública.

O pregão desses compradores, que passavam pelas ruas com sacos às costas, soprando cornetas ou buzinas, era formado por gritos curtos e compassados de "Rato! Rato! Rato!". Tão logo esse pregão se tornou conhecido por toda a cidade, o pistonista da Banda do Corpo de Bombeiros do Rio de Janeiro, Casimiro Gonçalves da Rocha, aproveitou o tema para compor uma polca intitulada exatamente "Rato, rato", e que ele mesmo gravaria imitando no instrumento o grito dos compradores. A polca, com letra de Claudino Costa, acabaria se transformando no maior sucesso do Carnaval de 1904, com milhares de pessoas cantando:

> "Rato, rato, rato,
> Por que motivo tu roeste o meu baú,
> Rato, rato, rato,
> Audacioso e malfazejo gabiru...".[12]

---

[12] A primeira gravação da polca "Rato, rato" foi feita em disco instrumental pelo próprio Casimiro Rocha na Casa Edison, do Rio de Janeiro, em disco Odeon, de selo azul, com a bandeira brasileira, nº 108.069. A voz que anuncia o disco (como então se usava) aponta como gênero a polca, mas no selo do disco o indicado é "choro". Segundo depoimento prestado em 1964 ao autor deste livro pelo velho compositor petropolitano Manuel Antenor de Sousa, o Neco (autor da modinha "Amor ingrato", recordista

Por essa mesma época, aliás, as relações entre o pregão de rua e a música urbana iam afirmar-se ainda uma vez no Rio de Janeiro por uma caprichosa combinação de circunstâncias do mais puro acaso. Entre os vendedores de cana que apregoavam seus produtos nas redondezas da estação da Estrada de Ferro Central do Brasil aos gritos de:

> "Rolete de cana...
> Caninha doce..."

estava um menino chamado José Luís de Morais, então com seus onze ou doze anos, cujo pregão lhe valeria o apelido de Caninha Doce. Pois esse menino se tornaria, anos mais tarde, o famoso compositor Caninha, rival de Sinhô, o Rei do Samba, nas disputas musicais realizadas por ocasião das Festas da Penha e dos Carnavais dos anos 1920.

No caso do carioca Caninha a influência do pregão dos roletes de cana não passaria do seu apelido, mas no Nordeste, onde a cana-de-açúcar constituía praticamente a economia exclusiva da região, desde o início da colonização, a voz dos vendedores de roletes marcou profundamente a alma sonora das cidades. Assim, não é surpresa que, ao resolver aproveitar o pregão dos vendedores de roletes de cana, a cantora de temas folclóricos Dilu Melo tenha encontrado no pernambucano Osvaldo Santiago o parcei-

---

com 40 mil discos vendidos de 1910 a 1911, e lançada inclusive em Portugal, em selo branco da Casa Faulhaber), o autor de "Rato, rato" imitava a voz humana no pregão do rato "usando uma espécie de trompete chamado de bugre". Tal bugre, ao que tudo indica, seria apenas a corneta, ou clarim, sem chaves, chamada em inglês de *bugle*. Ainda conforme declaração de Neco, Casimiro Rocha vendeu os direitos sobre sua música a Frederico Figner, dono da Casa Edison, por seis mil-réis. Importância insignificante, mesmo para a época, considerando-se que, em seu depoimento, lembrando seus tempos de motorista de táxi no Rio de Janeiro, Neco afirmava que o preço do aluguel de um automóvel para fazer o corso no Carnaval era de vinte mil-réis a hora.

ro ideal para uma de suas músicas de maior sucesso: o "baião" "Rolete de cana" (gravação em disco Sinter 00-0045, de 78 rotações), em que o cantor Jorge Fernandes soltava a voz cantando:

> "Lá vem o trem,
> Vem da cidade,
> Correm os homens em quantidade
> Pra ver amigos e comprar jornais...
> E os molequinhos,
> Com os tabuleiros,
> Entram nos carros dos passageiros
> Soltando os gritos habituais:
>
> Rolete de cana...
> De cana caiada...
> De cana crioula...
> Rolete, patrão!...
> Rolete de cana,
> De cana de soca,
> Rolete bem doce
> É a três um tostão!...
> Rolete, patrão...
> A três um tostão...".[13]

É bem verdade que, talvez por ser excessivamente comum na região, o pregão dos vendedores de roletes de cana não chamou a atenção dos memorialistas pernambucanos, como Mário Sette, que em seu livro *Arruar: história pitoresca do Recife antigo* prefere lembrar os pregões dos vassoureiros, dos vendedores de "lã de barriguda, tão musical", e do Homem da Ostra, que em

---

[13] Essa composição foi depois incluída por Jorge Fernandes em seu primeiro LP, intitulado ... *Essa Nega Fulô!*, e no qual interpreta magnificamente a versão de Valdemar Henrique para o poema de Jorge de Lima, que dá título ao disco.

1946 (quando o autor escrevia seu livro), ainda vivia com seus oitenta anos, conhecido em toda a cidade por seu pregão:

"Eu tenho ostra
Chegada agora...
Chegada agora...
Chegada agora...".[14]

O Homem da Ostra, aliás, morreria algum tempo depois de Mário Sette tê-lo identificado historicamente como autor do pregão (embora sem se preocupar em apurar-lhe o nome, o que teria sido da maior justiça), mas seu grito musical ficaria perpetuado em pelo menos dois discos comerciais: o da cantora paulista Inezita Barroso ("Pregão da ostra", arranjo de J. Prates, disco RCA Victor 80.1287-B) e do cantor Gilvan Chaves ("Pregões do Recife", baião, de Gilvan Chaves, disco Mocambo 15.018-A), este gravado na própria cidade do Recife.[15]

No Sul, onde o processo de urbanização de Porto Alegre ganhou impulso nos últimos anos do século XIX, o crescimento da população multiplicou também os vendedores ambulantes, figurando desde logo entre os pregões mais famosos o do velho baleiro napolitano conhecido por Bala-Balô, e que segundo depoimento de Aquiles Porto Alegre, "trazia a sua quitanda em um tabuleiro pendente do pescoço por correias de couro", e cantava seu pregão "com música e letra suas":

---

[14] Mário Sette, *Arruar: história pitoresca do Recife antigo*, 2ª ed. aumentada, Rio de Janeiro, Livraria Editora Casa do Estudante do Brasil, s.d., p. 318.

[15] Nesse disco pouco divulgado (apesar de ter sido colocado à venda no Nordeste e também no Centro-Sul), o pernambucano Gilvan Chaves reproduz ainda os pregões recifenses da "lã de barriguda pra travesseiro", do vendedor de pitombas, da bolinha de cambará, do vendedor de macaxeira, do "pente, chá preto", do "melô de engenho" e do "sorvete, é de maracujá".

"Bala, bala, bala, bala,
Bala, bala, bala-balô".[16]

Ao lado da baiana que vendia suas balas cantando uma adaptação do velho lundu "Chô, araúna" (divulgado através do teatro de revista pelo compositor, cantor e ator baiano Xisto Bahia), o napolitano Bala-Balô tornou tão difundida a música do seu pregão que — informa ainda Aquiles Porto Alegre — "o nosso compositor, Domingos Moreira, o Mingotão, escreveu variações sobre os rústicos temas daqueles dois tipos populares, e das duas composições tiveram grande voga nos pianos da cidade".[17]

Durante a primeira metade do século XX as vozes da negra baiana e do italiano baleiro ganharam concorrentes nos pregões dos vendedores de jornais, pipocas, amendoim, mocotó, "erva de chá, mexerica, cambará", peixe e "laranja de embigo", todos em boa hora registrados e salvos do esquecimento no ano de 1962 pelo folclorista gaúcho Paixão Côrtes no seu LP *Folclore do Pampa*, que abre a faixa "Pregões de Porto Alegre" cantando:

"Gaúcho presta atenção
No canto tradicional
Que os vendedores têm
Na tua terra natal".[18]

Pouco mais de dez anos depois dessa recolha sonora de cantos de vendedores ambulantes gaúchos, era o romancista fluminense Macedo Miranda (Rezende, 1920 — Rio de Janeiro, 1974) quem lembraria, para o caso do Vale do Paraíba, os pregões dos

---

[16] Aquiles Porto Alegre, *História popular de Porto Alegre*, p. 20.

[17] Aquiles Porto Alegre, *op. cit.*

[18] Composição "Pregões de Porto Alegre", de Paixão Côrtes e Thierry de Castro, faixa 6, lado 1 do LP *Folclore do Pampa*, gravado para a fábrica Philips em 1962.

vendedores de pirulitos gulosamente ouvidos em criança. Em seu romance *Abismo abismo*, de 1976, o romancista atribuía ao atribulado personagem Juca recordações que eram evidentemente as suas:

> "Dos recantos da infância, bordado de bolor nas salas e de musgos nos canteiros dos jardins, subia, envolto em cheiro de sanduíche de carne assada, o pregão do piruliteiro:
> 'Ô Dona Orora
> Ô Dona Orora
> Arubu pra cantar demora
> O amor é como um pirulito
> Começa no açúcar
> E acaba no palito'".[19]

E adiante, enquanto mostrava o Juca a enfurnar nos bolsos o dinheiro encontrado escondido dentro da cabeça da boneca da personagem Amélia, Macedo Miranda volta a lembrar:

> "Recuperou a noção do tempo, e então os dedos, ávidos, formaram pares de ganchos que pescavam as notas e as enfurnava nos bolsos. Queria contá-las, mas de novo o piruliteiro — já morto? não lembrava — surgiu, feito som, das paredes, com sua cantiga ritmada pela matraca:
> 'Lá em casa matei um pato
> Convidei o meu vizinho
> Porta e janela
> Comi o pato sozinho.

---

[19] Macedo Miranda, *Abismo abismo*, Rio de Janeiro, Civilização Brasileira, 1976, p. 249.

Os pregões

> Depois daquilo tudo
> Vi uns zoio arregalado
> Era a cabeça do pato
> Que eu já tinha mastigado'".[20]

E é quando, já em seu quarto, ao recolher as notas espalhadas sobre a cama, agora preocupado em como escondê-las, retorna "a voz do piruliteiro talvez morto, em outro dos seus refrões sem nexo":

> "Pirulito da Bahia
> Americana
> Quem tem dente
> Chupa cana
> Quem não tem
> Come banana".[21]

Com a transformação das ruas centrais das grandes cidades brasileiras em corredores de milhares de veículos fumarentos e milhões de pessoas apressadas, após o advento da era industrial, os pregões ou desapareceram, ou se refugiaram nos subúrbios mais distantes, onde o pequeno comércio ambulante ainda consegue sobreviver.

E era exatamente isso que, em seu *Guia de São Luís do Maranhão*, de 1989, o estudioso maranhense Jomar Moraes anotaria, ao escrever que "sob os apelos irresistíveis dos comerciais multicoloridos que a televisão veicula com a contundência de quem bombardeia posições inimigas, estão sucumbindo os vendedores ambulantes e, com eles, seus belos e famosos pregões". O que não impedia o mesmo autor de registrar — com uso de

---

[20] Macedo Miranda, *op. cit.*, p. 251.

[21] Macedo Miranda, *op. cit.*, p. 253.

recurso gráfico destinado a reproduzir o prolongamento das sílabas, típico dos pregões — alguns dos gritos sonoros dos ambulantes da capital do Maranhão:

> "Já não é todo dia que em São Luís se pode ouvir os inconfundíveis anúncios de Ca-maaaa-reu ou de Paaaaa-mo-nhaaa, Olha-a-paaaaa-mooo-nhaa quentiiii-nha, e muito menos: Car-vãããão-de-va-riiiinha".[22]

O curioso, para esse caso específico do Maranhão, tal anúncio sombrio da morte do canto dos vendedores ambulantes coincidia com a decisão de um compositor local, Antonio Vieira — por sinal coautor do livro *Pregões de São Luís*, de Lopes Bogéa (Fundação Cultural do Maranhão, 1980) —, de emprestar sua voz à recuperação de muitos daqueles gritos dados como perdidos. Ajudado por sua memória musical da segunda década do século XX (Antonio Vieira nascera em 1920), o compositor-violonista-cantor lançara às vésperas dos seus oitenta anos, em 1988, o LP *Pregões de São Luís*, ao qual se seguiria, já na era dos CDs, nova exploração do tema nos discos *Pregoeiros*, em 1999 (ainda com João Batista Lopes Bogéa, 1926-2004), e *Antonio Vieira, compositor popular*, em 2002.

Em seu disco de 2002 evocativo da infância, o "compositor popular" Antonio Vieira dividia-se agora, aos 82 anos de idade, entre as lembranças das brincadeiras de menino e o eco — distante no tempo, mas vivo na memória — dos pregões da vendedora de doces, do amolador, do garrafeiro, do vassoureiro, do sorveteiro, do banho cheiroso, do caruru com bola, do verdureiro e do carvoeiro.

O compositor maranhense, em suas músicas em torno do pregão de cada vendedor, não ficava apenas na reprodução do

---

[22] Jomar Moraes, *Guia de São Luís do Maranhão*, 2ª ed. revista e aumentada, São Luís, Edições Legenda, 1995, p. 108.

grito, mas tomava-o como ponto de partida para um quadro sonoro de época, digno de ser lembrado, exatamente no estilo empregado no ano de 1939 por Dorival Caymmi em seu samba "A preta do acarajé", fazendo registrar no selo do disco a esclarecedora indicação: "cena típica baiana". Por ele mesmo gravado em dupla com Carmen Miranda, era só após a preparação da cena — "Dez horas na noite/ na rua deserta/ a preta mercando/ parece um lamento" — que entrava a voz da cantora imitando o pregão da vendedora: "Oôô acarajé é bom/ la la iô/ Vem benzêêê/ tá quentinho...".[23]

Em Antonio Vieira, é verdade, a lembrança é por vezes só da cena, como ao focalizar a doceira ("Beijo de moça, doce de coco/ olho de sogra e rebuçados/ e outros doces que ela fazia/ com o feitio de coração"), mas logo, na evocação do "Amolador" é todo o seu canto que retorna, enquanto "empurrava o carrinho com o afiador": "Amolador, olha o amolador/ Que afia tudo que lhe dá valor".

E é assim que, afinal, o compositor-memorialista permite ainda ouvir revividos em sua voz os pregões do vassoureiro (que diz ter "abano e vassourão/ e também tem vassourinha/ pá limpar o vosso chão"), do indefectível sorveteiro do "Compro sorvete/ pra refrescar/ que sorvete é bem gostoso/ sorvete de coco de taperebá", do homem do "Banho cheiroso", que aconselhava: "Você deve tomar banho cheiroso/ pra acabar com essa morfina [certamente essa *mofina*]/ e o corpo ficar jeitoso", do verdureiro de "pau de carga no ombro" e seu objetivo "Verdureiro:.../ Verdureiro chegou:/ Olhe aqui o verdureiro freguesa", e do carvoeiro que, "mais sujo que o chão", tinha com certeza a alma limpa:

---

[23] "A preta do acarajé", cena típica baiana, samba de Dorival Caymmi, gravado pelo autor em dupla com Carmen Miranda no disco Odeon 11.710, lado B, abril de 1939. O "vem benzê" do pregão da baiana vendedora de acarajés equivalia a dizer: seja o primeiro a comprar, foi feito agora, está quentinho.

"Meu carvão é sem poeira/ de pedra pequenina/ meu carvão é de caieira/ ele é carvão de varinha".[24]

De qualquer forma, no que se refere ao aproveitamento do som dos refrões na música popular, ainda que desde a década de 1960 o paulista Theo de Barros Filho se lembrasse de evocar o tema em sua composição "O menino das laranjas" no grito de um pequeno vendedor,

"Compra laranja, laranja, laranja, doutor,
Ainda dou uma de quebra pro senhor",

o aproveitamento musicalmente mais bem-sucedido de um pregão, por parte de um compositor popular, ainda seria o de Heitor dos Prazeres na sua "Canção do jornaleiro", de 1933. Oferecida ao jornal *A Noite*, do Rio de Janeiro, que se batia pela criação de um órgão de assistência aos meninos vendedores de jornais da então capital do país, Heitor dos Prazeres transformou o pregão de "Olha *A Noite*...", dos próprios jornaleiros, num grito tão comovedor, que se tornou capaz de abalar a indiferença da população da cidade. Graças em boa parte ao sucesso dessa "Canção do jornaleiro" (o menino Jonas Tinoco comoveria em 15 de junho de 1933 a plateia do Teatro Recreio cantando-a durante o espetáculo destinado a recolher fundos para a campanha da Casa do Garoto), os meninos jornaleiros cariocas conseguiram afinal a sua instituição: a mesma que, desde 1940, se conhece como Casa do Pequeno Jornaleiro.

---

[24] CD *Antonio Vieira, compositor popular*, São Paulo, Gravadora Eldorado, 2002. O reconhecimento definitivo da importância do compositor maranhense deu-se em 2003/2004 com a realização do Projeto Documentação e Registro Fotográfico da Obra Musical de Antonio Vieira que, sob patrocínio da Companhia Vale do Rio Doce, promoveu a gravação da obra completa do autor em 17 CDs (mais um de "Coletânia de sucessos"), acompanhados dos volumes *Vida e obra do autor* e *Letras das músicas*, e de uma fita em VHS "Documentário e *Making Of* do Projeto".

Parte II
A MÚSICA DAS RUAS

5.
OS REALEJOS

Na segunda metade do século XIX a divulgação dos vários gêneros musicais — subordinada, até então, à existência necessária de cantores ou instrumentistas — ganharia a contribuição tecnológica de duas formas mecânicas de reproduzir sons: o realejo e o fonógrafo.

O realejo, muito conhecido da vida popular urbana europeia, principalmente na França e na Itália, constituía, na realidade, uma adaptação simplificada do velho órgão grego do terceiro século antes de Cristo.

Nos realejos as músicas eram programadas em discos de metal providos de furos por onde passavam os sopros de ar que, produzidos por um fole, ao rodar da manivela, eram injetados nos tubos regulados para fornecer os sons das diferentes notas musicais.

O fonógrafo, produto da era industrial do fim do século XIX (seu aprimoramento final, por Edison e Émile Berliner, se deu entre 1888 e 1900), tornava possível não apenas a reprodução de música, mas a sua gravação direta, inicialmente em cilindros de estanho e cera, e depois em discos de massa.

De qualquer forma, os dois aparelhos capazes de reproduzir música — o próprio Edison realizou sua primeira experiência de gravação cantando a música infantil *Mary had a little lamb* — tinham em comum a presença de uma manivela, símbolo do automatismo que, dali por diante, entraria como o mais novo fator de afastamento das populações urbanas da participação numa arte que constituíra historicamente sua criação particular.

Para o público dos grandes centros urbanos, essas novas possibilidades se traduziriam agora pela intensificação do contato de milhares de pessoas com o mais variado material sonoro, mas sob a forma passiva de ouvintes.

Desde que a Exposição Mundial de Paris assombrou seus visitantes com a exibição, já em 1889, de 45 modelos diferentes de aparelhos de gravação e reprodução de sons, começou a surgir em todo o mundo a exploração da novidade do fonógrafo. No Brasil, munidos de rudimentares aparelhos de gravação em cilindro, acionados a manivela, verdadeiros camelôs de sonoridades instalavam-se ainda antes de 1900 pelas esquinas e, cobrando duzentos réis, permitiam aos passantes ouvir na rua pequenos trechos gravados, o que era feito com a ajuda de tubos acústicos ligados aos ouvidos do freguês.

Em um curioso livrinho intitulado *O Rio no verdor dos meus anos e o muro dos sem-vergonhas*, o português radicado no Rio, Adelino J. Pais, nascido em 1885, lembrava que, quando criança — o que vale dizer em fins do século XIX — fora levado pelo pai a ouvir uma dessas gravações pioneiras:

> "Ninguém ignora" — recordava Adelino J. Pais em 1962, às vésperas dos seus oitenta anos — "que os discos musicados de hoje, e tocados a eletricidade, são filhos dos que tinham como alto-falante uma grande trombeta. Mas, também usava-se *discos cilíndricos* [sic], sendo estes mais usados nas ruas, sobre um tripé ligado à agulha e a pequenos tubos de borracha como dispositivo para se colocar no ouvido".

E o memorialista descrevia, então, aquele seu primeiro contato — por sinal decepcionante — com a mais espetacular invenção da época.

> "Um dia passeando com meu pai, convidou-me para ouvir; o que não passava de pornografia de bai-

xo calão e suas sequências, olhei para o meu pai, tirei a borracha do ouvido depois de ter pago os $200".[1]

Quando, a partir de 1900, esse sistema se aperfeiçoou, com a substituição dos cilindros pelos discos, os gramofones deixaram de constituir curiosidade das ruas, e passaram a privilégio das famílias de algumas posses, ganhando um lugar de destaque entre os móveis da sala (às vezes uma estante de discos arredondada lhes servia de pedestal), contribuindo a música dos seus discos para a alegria das festinhas e dos bailinhos domésticos, antes animados pelos conjuntos de músicos denominados chorões.

Essa retirada dos gramofones para o interior das casas de família e salas de espera de cinema mudo deixou as ruas livres para o segundo grande popularizador mecânico de produções musicais: o realejo.

Trazidos da Europa por imigrantes, quase sempre italianos dispostos a ganhar a vida de uma forma menos cansativa do que o trabalho na lavoura, para o qual eram recrutados, os realejos espalharam-se nos primeiros anos do século XX pelas principais cidades brasileiras, depois de terem sido inicialmente ressoados, inclusive, dentro das igrejas.

Segundo artigo publicado em 1846 no jornal O Mercantil, do Rio de Janeiro, os padres de certas igrejas que não possuíam órgãos lançavam mão dos modestos realejos como "um meio muito econômico na verdade, mas pouco decente" de substituí-los:

> "[...] nada mais ridículo" — escrevia o redator de O Mercantil, citado por Aires de Andrade no primeiro volume de seu livro *Francisco Manuel da Silva e seu tempo* — "do que entrar num templo, ver sair o padre para o altar e ouvir o negro no coreto rodar o realejo,

---

[1] Adelino J. Pais, *O Rio no verdor dos meus anos e o muro dos sem-vergonhas*, Rio de Janeiro, Nobre Gráfica Editora Ltda., 1964, p. 55.

que geralmente só contém destas árias populares que nenhum cabimento deveriam ter na casa do Senhor".

E concluía o redator, indicando ainda a presença da música do realejo em dois outros locais de concentração popular: "Entra-se em dúvida se estamos na igreja ou num cosmorama ou teatrinho de bonecos!".

Apesar dessa precedência ocasional como música de igreja em artigo publicado em 1927 na *Revista da Semana*, o cronista-pesquisador da vida carioca Hermeto Lima atribuía aos imigrantes italianos, introduzidos em massa no Brasil a partir da década de 1880, a moda dos realejos no Rio de Janeiro. Segundo o memorialista, "com a imigração italiana vieram os tocadores de realejo, e porque não estavam como hoje [década de 1920] sujeitos a impostos da prefeitura, via-se de quando em quando a cidade cheia deles".

Segundo Hermeto Lima, os realejos transformaram-se desde logo em atração para as crianças porque "tinham na frente uns bonecos mecânicos que dançavam à medida que a música tocava". E isso de início porque, logo, em lugar dos bonecos surgiram os macaquinhos vestidos de sais "que dançavam ao som das valsas e das polcas que o realejo tocava". "Acabada a música ou a sessão, como hoje se diz, o italiano dava ao macaco um pires e o animal iniciava, aos risos da populaça, a colheita dos vinténs."[2]

A partir de fins do século XIX, o repertório desses moedores de música, fanhosamente soprada por tubos que, às vezes, cortavam abruptamente as notas, quando a manivela parava de rodar, era constituído pela valsa da opereta "Os sinos de Corneville", pela "Serenata" de Schubert, por trechos da ópera *Lúcia de Lammermoor* e por canções napolitanas. Logo, porém, o talento dos tocadores de realejo, aliado à habilidade de artesãos

---

[2] Hermeto Lima, "Músicos ambulantes", *Revista da Semana*, Rio de Janeiro, 17 de junho de 1927.

brasileiros, criou novas perfurações programadas para fazerem soar canções nacionais, como por exemplo o tango "Bendegó", lançado em 1889 na revista de Oscar Pederneiras e Figueiredo, que tinha aquele mesmo título, e glosava a chegada ao Rio, em junho de 1888, do famoso meteorito encontrado na Bahia, junto ao riacho Bendegó.

Ligados, desde seu aparecimento à venda de *sortes* — os papeizinhos tirados da gavetinha sob a gaiola de metal por um periquito ou um macaquinho ensinados — os realejos contribuíam com sua música para a alegria das ruas, e para a riqueza dos seus donos.

Em seu livro *A alma encantadora das ruas* o cronista João do Rio, recordando os músicos ambulantes do limiar do século XX, citava expressamente a figura de um italiano de nome José que, vivendo no Rio desde 1875, quando alugara, "para não trabalhar, um piano de manivela", acabou enriquecendo graças a "um realejo com bonecos mecânicos, entre os quais havia um de mão estendida, que engolia as moedas e punha fora outra coisa qualquer".[3]

A italianos como esse finório José, e um falso cego chamado Vicente, dono de prédios e viciado no jogo, somavam-se ainda naquele alvorecer do século, segundo João do Rio, outros "realejos escravizadores, como o de Antônio Capenga, da estação do Mangue, que espanca os dois pequenos cobradores se por acaso deixam passar um bonde sem lhes dar nada, embora o bonde vá vazio — porque Antônio tem amantes e, à custa de sons que na sua algibeira retinem em moedas", e, ainda, "realejos solteiros malandros, realejos virgens prontos para a fuga...".[4]

Em sua descrição do Rio de Janeiro dos últimos vinte anos do século XIX, o memorialista Ferreira da Rosa afirma que, já naquele tempo, a cidade conhecia não um, mas vários italianos

---

[3] João do Rio, *A alma encantadora das ruas*, p. 95.

[4] João do Rio, *op. cit.*, p. 96.

tocadores de realejo, especialistas todos na espécie de encantamento que constituía em embalar o sonho das mocinhas com as *sortes*, a fantasia das crianças com a movimentação dos seus bonequinhos, e, finalmente, a paixão musical de todos com as melodias sopradas ao rodar das manivelas:

> "Outro italiano popularíssimo é o do realejo. Outro ou outros. Há vários. Uns dão à manivela atraindo patetas que pagam para ver o periquito 'tirar a sorte'. Há realejos que têm bailado de bonequinhos, delícia das crianças... pagando".

E acrescentava:

> "Alguns desses moedores de música levam pelos bairros pequeno símio que faz caretas, repete mesuras com seu chapelinho ridículo, e entrega fielmente ao 'patrão' quantas moedas lhe atiram. Desses homens alguns trazem com o realejo uma triste menina, cansadinha, que serve para estender o pires aos ouvidores da música de manivela".[5]

A presença algo patética da menina pobre e triste, ligada à figura do interesseiro vendedor de sons e ilusões, seria relembrada mais de cinquenta anos depois, ainda no Rio de Janeiro, pelo poeta e cronista Álvaro Moreira. Em um poema intitulado "Pregões", que gravaria em *long-playing* na década de 1950, fazendo a imitação dos cantos e vozes ouvidos na juventude, Álvaro Moreira lembrava o "italiano que vendia as canções em voga", "um italiano aleijado, com uma filha de sete anos", e que para chamar a atenção da clientela dos bairros parava na rua e cantava:

---

[5] Ferreira da Rosa, *Memorial do Rio de Janeiro*, Rio de Janeiro, Arquivo do Distrito Federal, 1951, vol. II, p. 52.

"Mamãe scuta
Pra janela...
Parece um gramofone
É una cantiga bela...
Io trabalhava
Numa pedrera
Perdi o braço direito
E fiquei desta manera...
Tenho seis filha
Desde a primera
E a menina que vai cantar
É a tercera...

(Prólogo após o qual a menina, aproveitando a deixa, entrava por sua vez cantando a marcha de Joubert de Carvalho que Carmen Miranda gravara com sucesso em 1930)

Taí,
Eu fiz tudo pra você gostar de mim...".[6]

Com ou sem a presença comovente da menina pobre atrelada à máquina de espalhar música e vender *sortes*, porém, os tocadores de realejo entraram pelo século XX competindo com o disco, e logo o rádio, e não pareciam destinados a perder a competição, talvez pelo estranho fascínio que nascia do tom nostálgico com que as suas melodias explodiam, de repente, em plena rua, numa espécie de encantamento.

---

[6] Em artigo para a *Revista Esso*, sob o título "O destino em forma de periquito", o poeta Carlos Drummond de Andrade cita o poema de Álvaro Moreira com discrepâncias em relação a alguns versos da cantiga do italiano, ao menos na forma pela qual o próprio cronista a gravou cantando em seu LP *Pregões do Rio antigo*, Copacabana, CLP 2.501-A, 1956.

Quem melhor captou essa poesia algo triste dos realejos, feita para comover a alma simples da gente massacrada pela pobreza e a falta de horizontes das cidades, foi o cronista da velha revista carioca *Fon-Fon!*. Esse cronista, assinando em 1928 uma página intitulada "Gente cândida", sob o nome Bastos Portela, escrevia:

> "Não sei se os senhores já repararam naquele homem que mói uma cantiga num realejo, a cujo lado se vê um periquito. É possível que não.
> O realejo é um instrumento triste. Ninguém lhe dá importância. A não ser a gente simples da rua. A gente ingênua que, neste século, ainda tem gestos de candidez".

E após afirmar que "mulheres e meninas do povo. Criadinhas risonhas e alvares. Um carregador forte, alentado, um brutamontes..." sorriam todos, "enquanto o velho instrumento gemia com amargura, gemia e soluçava uma canção tão usada, que já não tinha mais cor", Bastos Portela concluía, descrevendo a cena de uma mocinha levada às lágrimas pelos dizeres da *sorte* que tirara:

> "O realejo moeu a melodia de praxe. Mas, desta vez, a música me pareceu ainda mais dolorosa.
> Procurando nas minhas recordações musicais uma canção que se comparasse à melancolia daquela, só encontrei *Senesta vestia e patrona crudelle*, uma canção napolitana, feita para machucar as almas líricas e sensíveis.
> Também eu tive vontade de chorar...".[7]

---

[7] Bastos Portela, "Gente cândida", *Fon-Fon!*, nº 37, Rio de Janeiro, 15 de setembro de 1928.

Feita de propósito para o sentimentalismo das massas urbanas, a música dos realejos resistiu ao crescimento trepidante das cidades até a década de 1930, quando os compositores Nássara e Sá Roris ainda se podem valer do realejo como tema popularmente reconhecível na marchinha "Periquito verde", com a qual Dircinha Batista alcançaria sucesso no Carnaval de 1938, cantando numa referência expressa à sobrevivência do mito ancestral da consulta aos oráculos, continuada pelos tocadores de realejos e seus pássaros ensinados:

"Meu periquitinho verde
Tira a sorte, por favor,
Eu quero resolver
Este caso de amor,
Pois se eu não caso,
Neste caso vou morrer".

Dois anos depois, quando os realejos se tornavam cada vez mais raros na paisagem urbana do Rio de Janeiro, os compositores Custódio Mesquita e Sadi Cabral iam aproveitar ainda mais uma vez o sentimento nostálgico da *música de manivela*, sintetizando com perfeito sentido de adequação melódica e poética, na valsa "Velho realejo" (gravada por Sílvio Caldas em 1938), a melancolia de uma música que parecia, já agora, surgir de um tempo perdido na memória:

"Naquele bairro afastado
Onde em criança vivias
A remoer melodias
De uma ternura sem par
Passava todas as tardes
Um realejo risonho
Passava como num sonho
O realejo a tocar
Assim...

> Lá, lá, lá,
> Lá, lá, lá, lará-lá-lá.
>
> Depois, tu partiste,
> Ficou triste a rua deserta,
> Na tarde, fria e calma,
> Lembro ainda o realejo a tocar...
> Ficou a saudade
> Comigo a morar.
> Tu cantas alegre, e o realejo
> Parece que chora
> Com pena de ti".

Finalmente, em 1967, quando se poderia supor que a triste música de manivela nada mais tivesse a dizer às novas gerações das cidades, o compositor Chico Buarque de Holanda encerra o ciclo do realejo na temática da música popular com uma espécie de balada, em que se dispõe a vender na imagem do objeto já sem significado a poesia de um tempo vencido:

> "Estou vendendo um realejo
> Quem vai levar, quem vai levar, quem vai levar...".

Na letra dessa sua canção, aliás, após relembrar o clima romântico que envolvia a figura do tocador e sua máquina nostálgica de sons:

> "Quando eu punha na calçada
> Sua valsa encantadora
> Vinha moça apaixonada
> Vinha moça casadoura",

Chico Buarque de Holanda resume com admirável sentido poético o significado do fim de uma época que morria com o realejo:

> "Hoje em dia já não vejo
> Serventia em seu cantar
> Então eu vendo um realejo...
> Quem vai levar?".

Apelo que deixava implícita a sugestão histórica de que, afinal, só o próprio realejo, como objeto, restava como testemunho de meio século de música espalhada pelas ruas:

> "Quem comprar leva consigo
> Todo o encanto que ele traz
> Leva o mar, a amada, o amigo,
> O ouro, a prata, a praça, a paz,
> E de quebra leva o harpejo
> Da sua valsa, se agradar.
> Estou vendendo um realejo
> Quem vai levar?...".[8]

---

[8] Chico Buarque de Holanda, vol. 2, LP da RGE Discos, X RLP-5.314, lançado em 1967.

6.
O HOMEM DOS SETE INSTRUMENTOS

Em toda a história da música nas ruas, nenhum personagem do povo ligado à produção de sons com intenção musical terá sido mais original, mais heroico e mais estranho do que o chamado "homem dos sete instrumentos".

Herdeiro direto daqueles saltimbancos de feira da Idade Média, que depois passariam aos circos criados no século XVIII, e que se especializariam como "músicos excêntricos", o homem dos sete instrumentos constituía, no fundo, um atleta musical.

Com um bumbo preso às costas por suas braçadeiras de couro passadas sobre os ombros, e que vestia como se fosse um colete, o artista quase mágico marcava o ritmo levantando e abaixando o braço em que prendia a baqueta forrada de couro, enquanto sacudia os guizos encaixados na cabeça como uma coroa, e soprava ora uma clarineta, ora uma gaita, ou um pífaro, fazendo soar pratos de orquestras e ferrinhos armados sobre o bumbo, ao repuxar com chutes compassados dois fios de barbante amarrados aos tornozelos.

Na sua grande maioria imigrantes europeus, principalmente italianos — que começavam a chegar ao Brasil nos últimos anos do Segundo Império, atraídos pelas ilusões do Novo Mundo —, esses artistas contavam para seu sucesso com o atrativo da sua excentricidade, numa época em que até mesmo os espetáculos de circo constituíam quase um luxo para as grandes camadas das cidades.

Em crônica intitulada exatamente "O homem dos sete instrumentos", na qual recordava acontecimentos de sua infância vivida no bairro carioca das Laranjeiras, pelos fins da primeira década do século XX, o memorialista Paulo Coelho Neto (filho do romancista Coelho Neto), fixou com muito colorido a impressão de quase maravilha com que o curioso personagem surgia naqueles tempos aos olhos das crianças:

> "Quando aquele homem apareceu, carregado de instrumentos ruidosos" — escrevia Paulo Coelho Neto, então morador da atual rua Pinheiro Machado, no Rio de Janeiro — "houve um alvoroço da rua e, em torno do mágico, como logo o designamos, formou-se um grande círculo de curiosos".[1]

O homem dos sete instrumentos trazia uma bolsa de couro a tiracolo para guardar os níqueis pingados na bandeja que passava após as apresentações e, segundo o mesmo cronista, costumava apresentar seus números com uma fala prévia, misturando português com italiano: "— *Eco! Una* bela e *dolce musicata* para vocês: *moderato, allegro* e *maestoso*".

Após esse preâmbulo, o artista de talento multiplicado assegurava-se da posição correta de cada um dos seus sete instrumentos, e a música rompia, em meio à maior agitação de braços, pernas e cabeça:

> "Toda a pirâmide sonora tremeu, parecendo que ia desabar" — lembrava Paulo Coelho Neto, e acrescentava —, "mas com um movimento do corpo o mágico equilibrou-a novamente. Estava começando o sensacional espetáculo ao ar livre".

Depois de escrever que "o homem parecia tomado de ataque furioso", contava o escritor que ele "sacudia a cabeça, guizalhando, dava chutes no ar, esticando o barbante e fazendo soar

---

[1] Paulo Coelho Neto, *Relicário*, p. 45.

a caixa metálica, soprava clarineta, juntava os pratos, com estrépito, e surrava o bumbo".[2]

O repertório do homem dos sete instrumentos — "o musicista é um italiano de bigode e pera à Victor Emanuel, dentro de uma roupa de bebute cor de abóbora, rubro e envernizado de suor",[3] como descrevia o cronista Luís Edmundo — não devia ser muito variado.

Muito a propósito, Paulo Coelho Neto conta em sua crônica ter acabado a sua admiração de menino pelo homem dos sete instrumentos quando, após o Carnaval, pediu que ele tocasse a marcha com que o Clube dos Democráticos vencera o desfile de carros alegóricos, e ouviu do espantado italiano a confissão encabuladora: "Non conosco".

A negativa, interpretada por ele e por seus irmãos, igualmente meninos, como uma parcialidade carnavalesca (concluíram que o italiano torcia pelo Clube Tenentes do Diabo, rival dos Democráticos), levou-o a propor uma vingança imediatamente aceita. Na volta do homem dos sete instrumentos a seu ponto de exibição, em frente à casa de Coelho Neto, uma semana depois, eles dispararam suas atiradeiras da janela ao mesmo tempo, e furaram o bumbo do inimigo. A acreditar em Paulo Coelho Neto, o pai romancista, em lugar de repreender os filhos pela violência, mandou secretamente a mãe premiar cada um com uma nota de dez mil-réis, pois na semana anterior a música estrondosa do homem dos sete instrumentos o havia interrompido exatamente na hora em que se lançava ao desfecho de um dos seus numerosos e prolixos romances.[4]

A julgar por um depoimento do memorialista da vida carioca Ferreira da Rosa, esse comovente fabricante de música já era conhecido das ruas do Rio de Janeiro desde a década de 1880. Ao

---

[2] Paulo Coelho Neto, *op. cit.*, p. 46.

[3] Luís Edmundo, *O Rio de Janeiro do meu tempo*, vol. 1, p. 178.

[4] Paulo Coelho Neto, *op. cit.*, p. 52.

rememorar a paisagem urbana da então Corte Imperial, a propósito do anunciado fim das vacas leiteiras, que eram ainda ordenhadas à porta dos fregueses, Ferreira da Rosa, após referir-se à música da chamada Banda Alemã, que tocava nos quarteirões do centro da cidade, acrescentava:

> "Fazendo certa ou incerta concorrência à Banda Alemã, anda por aí o 'homem dos sete instrumentos'. Italiano. Acompanha-o, sempre, um magote de rapazelhos que não se cansam de lhe admirar a habilidade com que surra o bumbo, sopra a gaita ou o pífaro, bate os pratos, repica os ferrinhos e agita as campainhas encarapitadas em torreão sobre a cabeça suarenta. Bem natural: o 'homem dos sete instrumentos' estende também o seu pires...".[5]

A atividade de produzir música para as grandes camadas da cidade, necessariamente marginalizadas no que se referia às acanhadas possibilidades de diversão e de aproveitamento do lazer (os teatros eram poucos e inacessíveis aos mais pobres), era, como se deduz pelos depoimentos da época, bastante compensadora. O que demonstra, desde logo, a enorme receptividade com que as camadas mais baixas da população, em grande parte formadas por gente oriunda da área rural, sabiam gratificar uma demonstração virtuosística de música tão cara à sua necessidade primitiva de expressão pelo ritmo.

A figura do homem dos sete instrumentos passaria despercebida para a história, no entanto, não fora a participação barulhenta desse personagem em uma das mais curiosas revoltas de caráter cômico-político de fins de Segundo Império.

O episódio — que, aliás, renderia à música popular um dos maiores sucessos do fim do século, o tango "As laranjas da Sa-

---

[5] Ferreira da Rosa, *Memorial do Rio de Janeiro*, vol. II, p. 52.

bina", lançado no teatro de revista — aconteceu em 1889, no auge da tensão política que conduziria à Proclamação da República, naquele mesmo ano.

Revela o contemporâneo dos acontecimentos, Ferreira da Rosa (embora se equivocando quanto à data, pois dá o fato como ocorrido em 1887), que ao passar diante da Faculdade de Medicina uma carruagem da Corte, vários estudantes reunidos à volta do tabuleiro de uma vendedora de laranjas prorromperam numa estrondosa vaia.

Apresentada queixa à polícia pelo ocupante da carruagem (que Melo Barreto Filho e Hermeto Lima afirmam em sua *História da Polícia do Rio de Janeiro* ter sido o próprio presidente do Conselho, visconde de Ouro Preto), o subdelegado Jácomo d'Azzali resolveu proibir a venda de laranjas em frente ao prédio da Faculdade, alegando constituir um foco de sujeira as cascas e os bagaços espalhados pelo chão. Conforme a ordem da autoridade, a negra Geralda — chamada pelos estudantes de Sabina, nome da sua antecessora — teria de escolher outro ponto, retirando imediatamente seu tabuleiro da frente da Faculdade de Medicina.

Os estudantes, porém, tomando a proibição como um desafio, resolveram transformar o episódio numa demonstração política de rebeldia à autoridade, e se dispuseram a defender o ponto da Sabina.

Em capítulo do livro *Quadros da vida acadêmica*, o velho médico do Exército Artur Lobo da Silva, rememorando o episódio, conta que a Faculdade vivia momentos de agitação quando o estudante Brício Filho, do sexto ano, fez aprovar a proposta de uma passeata de protesto em que todos os alunos levariam uma laranja espetada na ponta de uma bengala. E foi para acentuar o espírito de galhofa e ridículo do protesto que alguém teve a ideia de contratar para o desfile um homem dos sete instrumentos:

> "Entre parênteses preciso informar" — escrevia Artur Lobo da Silva — "que existia naquele tempo aqui no Rio um italiano que andava pelas ruas ga-

nhando a vida e se apresentava tocando uma gaita de fole, tendo amarrado às costas um bumbo com dois pratos que zabumbavam por intermédio de um grosso cordão que o *lazzaroni* puxava com um dos pés.

Era esse tipo crismado pela garotada com o apelido de 'homem dos sete instrumentos'.

Muito bem: esse homem era, como disse, a banda de música do cortejo". [6]

A acreditar em Melo Barreto Filho e Hermeto Lima, em sua citada *História da Polícia do Rio de Janeiro*, além do homem dos sete instrumentos, os estudantes teriam contratado também "um cego italiano tocador de realejo", fazendo um "rateio para pagar a música".

O fato historicamente comprovado é que a passeata de protesto foi realizada, com mais de duzentos estudantes "vozeando vivas à Sabina, às laranjas da Sabina; e... 'fora o subdelegado da freguesia'", conforme depoimento de Ferreira da Rosa, que acrescentava, dando realce ao papel da música que parecia feita a propósito para os objetivos do desfile:

"À frente, marcha o homem dos sete instrumentos, brejeiro, soprando gaitas, sovando o tambor, tangendo ferrinhos, batendo pratos, balançando a tiara de campainhas".[7]

E de fato, com a ajuda da música estrondosa do homem dos sete instrumentos — que acabaria animando o baile da vitória, realizado ao ar livre diante da Faculdade de Medicina, ao regresso da passeata — o subdelegado foi forçado a pedir demissão,

---

[6] Artur Lobo da Silva, *Quadros da vida acadêmica*, Rio de Janeiro, Irmãos Pongetti Editores, 1953, p. 72.

[7] Ferreira da Rosa, *op. cit.*, p. 91.

voltando a Sabina, como lembraria finalmente Ferreira da Rosa, a estabelecer-se "com o seu tabuleiro de laranjas, no cantinho extremo da Rua da Misericórdia, fronteiro à porta da Escola de Medicina".[8]

---

[8] Ferreira da Rosa, *op. cit.*, p. 92.

7.
A BANDA ALEMÃ E OS GRUPOS DE MÚSICOS

Desde o fim do século XIX, a aceleração do processo de urbanização encheu as ruas das principais cidades brasileiras de uma multidão de marginalizados da estrutura econômico-social — biscateiros, desocupados, rufiões, jogadores profissionais, ambulantes, vendedores da sorte grande, loucos mansos, passadores de conto do vigário e espertalhões em geral — e entre os representantes dessas novas camadas de excedentes do trabalho não faltavam as figuras de músicos das mais variadas categorias.

No Rio Grande do Sul, o já citado cronista Aquiles Porto Alegre, lembrando em 1919 que "os tipos populares de há trinta anos eram, na verdade, interessantes" (o que fazia recuar sua memória aos fins da Monarquia), citava expressamente as figuras de um negro Abílio vendedor de balas que cantava "com 'música' sua e letra de Gonçalves Dias: Minha terra tem palmeiras/ onde canta o sabiá"; a de um grisalho harpista italiano que tocava em restaurantes; a do crioulo cego João Batista, "de legítima e limpa descendência africana, que floreava no violão como um anjo", e, finalmente, as de quatro italianos — um harpista, dois violinistas e um flautista — que enchiam as ruas de Porto Alegre "de harmonias arrebatadoras".[1]

Em Pernambuco, o jornalista Eustórgio Wanderley, reunindo em 1954 em dois volumes uma centena de crônicas de jornal

---

[1] Aquiles Porto Alegre, *História popular de Porto Alegre*. As referências citadas estão nas páginas 21 (crônica "Tipos populares") e 101 (crônica "A música das ruas").

sob o título geral *Tipos populares do Recife antigo*, revelava a existência de músicos de inícios do século XX como o ceguinho Lezeira que, "sentando-se na soleira de alguma porta, punha sua gaitinha entre os lábios e, na lata de querosene que carregava às costas, ia marcando o ritmo das músicas e batendo com o punho a imitar o bumbo"; como o flautista maluco conhecido por Pensamento, terminando a galeria de nomes com a figura do admirável Major Pataca, que sustentava sem qualquer ajuda uma pequena banda composta "em sua maioria por rapazes e velhotes de pequenos recursos".[2]

De todas essas figuras de músicos das ruas, salvas para a história pela memória comovida dos cronistas da vida popular brasileira, as mais curiosas terão sido, certamente, as que formaram no Rio de Janeiro, desde os fins do século XIX, a famosa e estranha Banda Alemã.

A julgar por uma referência do pesquisador da história carioca Vieira Fazenda (1847-1917), em uma de suas crônicas de jornal de 1908, já em seu tempo de estudante do Colégio Pedro II, ou seja, em inícios da década de 1860, uma banda formada por músicos alemães andaria pelas ruas da cidade tocando marchas prussianas e trechos de operetas. Em depoimento sobre seus tempos de aluno interno do mais conceituado ginásio do Segundo Império, Vieira Fazenda lembrava:

> "E a rapaziada, dias depois da Glória, festejava com pompa o avô de cristo [São Joaquim] e até dava na véspera um baile de arromba obrigado à música dos alemães, sorvetes, canudos, e muitos biscoitos".[3]

---

[2] Eustórgio Wanderley, *Tipos populares do Recife antigo*, pp. 50-1, 108 e 115.

[3] Vieira Fazenda, crônica "Sant'Ana III", *Antiqualhas e Memórias Históricas do Rio de Janeiro, Revista do Instituto Histórico e Geográfico Brasileiro*, tomo 93, vol. 147, 1923, p. 382.

Essa "música dos alemães" seria designada, pelo menos desde 1880, com o nome "Banda Alemã".

Em suas recordações do ambiente das ruas do Rio no alvorecer daqueles anos, por exemplo, o memorialista Ferreira da Rosa assim a descrevia:

> "A 'Banda Alemã', muito conhecida, são seis ou oito instrumentistas que, das oito horas até meio-dia, andam, de quarteirão em quarteirão, pelo centro da cidade, fazendo ouvir números de música. Param junto de certas casas comerciais, enfileiram suas leves estantes, perfilam-se diante, executam uma valsa, um trecho de ópera, marcha, qualquer número do repertório mais ou menos decorado. Entre a segunda e a terceira peça um dos músicos mete o instrumento debaixo do braço, saca do bolso do paletó um pires, tira de cima da cabeça o boné, e percorre, sorridente, os estabelecimentos mais próximos: níqueis e algumas pratinhas caem no pires. Sendo a coleta razoável (os companheiros conhecem pelo semblante do coletor), dão mais um numerozinho, soprando com animação; sendo mesquinha partem logo: vão musicar noutra rua. À tarde costumam aparecer nalgum bairro residencial, com o mesmo repertório, e o mesmo pires".[4]

É de imaginar, portanto, que os alemães, constituindo desde o Primeiro Império, junto com os suíços, a maior corrente imigratória da Europa, tenham-se valido sempre de conhecimentos rudimentares de música para organizar grupos de músicos ambulantes no Rio de Janeiro, chegando, afinal, no início do século XX, à formação do famoso conjunto integrado por elementos

---

[4] Ferreira da Rosa, *Memorial do Rio de Janeiro*, vol. II, p. 52.

fardados de azul-escuro com bonés brancos de pala envernizada,[5] definitivamente conhecido pelo nome Banda Alemã.

Até o aparecimento, na primeira década dos 1900, dessa Banda Alemã de maior fama e melhor organização (o fato de seus músicos se apresentarem fardados contribuiu em grande parte para sua popularidade), alemães, austríacos e espanhóis disputavam as ruas do centro da então capital da República, fazendo estrondar os instrumentos de sopro e arranhando os violinos e violoncelos numa concorrência sonora que — segundo estatística do jornal *Gazeta de Notícias*, de 5 de janeiro de 1907 — chegava a "nada mais, nada menos, do que cinco 'orquestras ambulantes'".[6]

Do ponto de vista da música popular, uma das consequências dessa predominância de músicos de rua europeus formados no auge das ilusões industriais-capitalistas da *belle époque* foi o recrudescimento do gosto pelas valsas europeias, de andamento amplo e tratamento sinfônico.

Em artigo intitulado "As valsas e a Banda Alemã", publicado em seu semanário *Cine-Rádio Jornal* de 13 de março de 1941, o jornalista Celestino Silveira, lembrando essa música das ruas cariocas às vésperas da Primeira Guerra Mundial, após afirmar que, "quando alguém narrar a crônica do Rio nas imediações de 1914, não poderá esquecer a Banda Alemã", acrescentava, referindo-se aos músicos prussianos de "calça e jaquetão azuis, de botões dourados":

---

[5] No capítulo "Figuras das ruas" de seu *O Rio de Janeiro de outrora*, de 1946, transcrito por Victor Sá na coletânea *Terra carioca*, o autor citado, o arquiteto-historiador Adolfo Morales de Los Rios Filho fala em "empertigados tudescos" que se apresentavam com "ternos pretos com bonés brancos antes da guerra de 1914". Fotos da época, no entanto, mostram músicos usando dólmãs, e não ternos, o que parece confirmar a existência de mais de uma banda alemã, como adiante se verá.

[6] Citado pelo jornalista João Ferreira Gomes (Jota Efegê) em "Quem estava à toa na rua parava para ouvir a Banda Alemã tocar", artigo publicado no terceiro caderno de *O Jornal*, do Rio, em 19 de março de 1967.

"Eram criticados, apontados como um indício de 'azar' para dia inteiro, mas não ligavam a nada nem a ninguém. Tocavam sempre suas valsas, com muito barulho e pouca afinação. O violino roncando sempre, os garotos parados em volta, fazendo coro de assobio, aprendendo as valsas para o resto da vida...".[7]

Na verdade, quando a Banda Alemã começou a explorar o repertório das grandes valsas europeias — incluindo a da famosa opereta *Viúva alegre*, de Franz Lehar, estreada no Rio de Janeiro em 1907, e que se transformaria em seu carro-chefe — os brasileiros já possuíam uma tradição de mais de meio século de valsas seresteiras e choronas, inteiramente nacionalizadas.

Foram, pois, a origem europeia dos músicos da Banda Alemã e da efêmera Banda Austríaca, que a sucedeu, bem como a formação pretensamente erudita dos componentes da Orquestra de Cegos (quatro portugueses, incluindo violoncelista, e depois trio de dois violinos e um violão) — contemporânea daquelas duas pelas ruas do Rio — os elementos responsáveis pelo revigoramento de um gênero musical de origem aristocrática destinado, aliás, a não desaparecer sem antes contribuir com dois democráticos sucessos carnavalescos: um de 1916, com a valsa "Pierrô e Colombina", dançada nas ruas às vésperas do aparecimento do samba; outro em 1941, com a composição de Nássara e Frazão "Nós queremos uma valsa". Esta última aproveitava o tema da "Valsa dos patinadores", ponto alto do filme *A grande valsa*, que ainda uma vez relembrava o gênero na série de operetas que Hollywood estava transformando em filmes, como a querer embalar a frustração dos massacrados pela máquina industrial com as sombras de um fastígio imperial extinto.

---

[7] Celestino Silveira, "As valsas e a Banda Alemã", série "Antigamente era assim...", *Cine-Rádio Jornal*, nº 140, de 13 de março de 1941.

Segundo a maioria dos cronistas, a Banda Alemã desapareceu às vésperas da Primeira Guerra Mundial ante a onda de antiprussianismo despertada pela agressão do cáiser Guilherme II à França, mas em seu artigo "As valsas e a Banda Alemã", Celestino Silveira enxergava, além dessas razões imediatas, uma série de motivos histórico-sociais realmente definitivos:

> "Um dia a Banda sumiu-se, de súbito, como havia surgido. Talvez tivesse descido de algum navio mercante e aqui ficasse, seduzida com os encantos da cidade, que já era maravilhosa mesmo sem ter ainda sido descoberta pelos turistas... E sumiu-se com a guerra. Disseram que seus componentes foram cumprir o dever militar. Não o sabemos. Mas, às vezes, aí pela cidade, ainda aparecem dois ou três remanescentes da Banda Alemã — rostos cansados, já sem as belas cores de outrora, sem as estantes, sem as partituras, sem os instrumentos... A guerra, que pôs termo ao domínio da valsa, acabou com a Banda Alemã. E os tempos foram passando... Outras músicas vieram, outra geração surgiu, e aí está, nada sabendo da Banda Alemã além do que lhe contaram os velhos da casa...".

E localizando as causas decorrentes da nova estrutura gerada pela era industrial que condenariam ao desaparecimento a banda dos alemães, Celestino Silveira concluía:

> "Com a guerra, a valsa cedeu vez a outras modalidades. A música acompanhou a contradança... Ficou também febril, nervosa, agitada com os dias que se seguiram. Veio o *fox*, veio o *charleston*, veio o *ragtime* — veio tudo isso até o *swing*!".[8]

---

[8] Celestino Silveira, *op. cit.* Em seu artigo "Músicos ambulantes" (*Re-*

Assim, o que fazia na realidade desaparecer a Banda Alemã das ruas do centro comercial do Rio de Janeiro não era a circunstância de a guerra contra a Prússia tornar os alemães impopulares, mas tudo o que aquele remanejamento no mosaico de interesses do imperialismo econômico europeu — e já agora norte-americano também — implicaria em termos de mudanças nos países de todo o mundo, com a subsequente instauração da moderna sociedade de consumo.

No caso brasileiro, cujo surto industrial fora incentivado pela suspensão provisória das reações econômicas com a Europa durante os anos de guerra, o crescimento da capital do país tornava de fato incompreensível a existência de uma orquestra ambulante que se instalava à beira das calçadas para tocar valsas vienenses e árias de operetas, atravancando o trânsito.

Na verdade, a principal queixa contra a Banda Alemã ou a Banda Austríaca, com seus trombones e trompetes, e contra o quinteto dos cegos espanhóis, com seus violinos e contrabaixo, era exatamente a de que, armando suas estantes diante das principais confeitarias das estreitas ruas do Ouvidor e Gonçalves Dias, ou nos largos da Carioca e São Francisco, acabavam provocando com o ajuntamento dos ouvintes a formação de verdadeiras barreiras ao trânsito das pessoas e dos veículos.[9]

---

vista da Semana, de 17 de junho de 1927), Hermeto Lima explica a origem da Banda Alemã escrevendo: "Eram músicos de navios alemães, que deles tinham saído por desavenças com a companhia de vapores a que pertenciam". Quanto à extinção do grupo, um colaborador da revista Careta confirmaria em crônica publicada no número de 27 de outubro de 1914, sob o título "Musicação", a partida dos músicos para a Alemanha, para servir ao cáiser na Primeira Guerra Mundial. Segundo Carlos Wehrs em O Rio de Janeiro de Aluísio Azevedo (Rio de Janeiro, 1994), houve na realidade "vários desses conjuntos teutos", e acrescentava: "O mais importante era o dirigido por H. Wehte, com sede na Lapa, na hoje desaparecida rua Visconde de Maranguape, nº 26".

[9] O jornalista Jota Efegê, ilustrando seu artigo intitulado "Quem es-

De qualquer forma, antes de desaparecerem da paisagem urbana, ao final da guerra, as bandas de alemães, austríacos e espanhóis, com seus repertórios que incluíam desde as peças clássicas, partituras de operetas e valsas até os mais autênticos sucessos nacionais (como o tango "Bendegó"), contribuíram para espalhar sonoridades que, caindo no assobio do povo, estariam certamente destinadas a enriquecer de informações musicais a criação dos compositores anônimos, de cultura necessariamente não escrita e, portanto, construída à base de sons e experiências ouvidos e vividos.

Essa presença de um dos primeiros gêneros europeus de dança orquestral — alimentado desde meados do século XIX pelas inovações dos Strauss, pai e filho, e, já depois de transformado em canção, novamente reanimado como dança nas décadas de 1930 e 1940, em plena era industrial, ante a voga dos filmes musicais baseados em operetas — talvez explique um fenômeno que a Banda Alemã ajudou a configurar: a permanência da valsa ligada a uma admiração das massas urbanas pela grandiosidade perdida dos salões dos tempos imperiais.

E, na verdade, não apenas a "Valsa da despedida", divulgada pelo filme *A ponte de Waterloo*, ficou definitivamente ligada à solenidade de um momento comovedor, mas já com o século XX caminhando para seu final, o clímax dos bailes de debutantes ainda continuaria sendo o da execução de uma valsa, que os pais dançam com as filhas. Ideia de grandiosidade expressada igualmente na linguagem empolada que, desde os tempos de Catulo da Paixão Cearense, até a era do rádio e da televisão, os compo-

---

tava à toa na rua parava para ver a Banda Alemã tocar", publica uma foto da Banda Alemã formada na rua, por fora da calçada. Na revista *Fon-Fon!* de 31 de janeiro de 1914 há foto da Banda Austríaca, "segunda edição correta e aumentada da Banda Alemã, o maior martírio polifônico da *city*", tocando na calçada da então avenida Central (hoje Rio Branco), no Rio de Janeiro, à base de três violinos, um clarinete e um contrabaixo de cordas — o famoso rabecão.

sitores do gênero das valsas-canção continuariam a cultivar. E que revelaria sua persistência ainda no Carnaval de 1965, quando a Escola de Samba Império Serrano, do Rio de Janeiro, saiu às ruas com seus 2 mil componentes cantando, sob o enredo "Cinco bailes da história do Rio", comemorativo do IV Centenário daquela cidade:

> "Iluminado estava o salão
> Na noite da coroação.
> Ali, no esplendor da alegria,
> A burguesia teve a sua aclamação
> Vibrando de emoção.
> O luxo, a riqueza,
> Imperou com imponência.
> A beleza fez presença
> Comemorando a Independência.
> Ao erguer a minha taça com euforia
> Dancei aquela linda valsa
> Quase ao amanhecer do dia".

Meio século depois do seu desaparecimento, era como se a Banda Alemã ainda soasse pelas mesmas ruas que viam passar esses sambistas tão distantes no tempo, mas, afinal, tão próximos na persistência da legenda, ao espírito daquelas valsas feitas para o difícil mas agradável exercício de dançar "quase ao amanhecer do dia", erguendo taças "com euforia".

8.
AS BANDAS MILITARES E OS CORETOS

Uma das mais antigas e menos estudadas instituições ligadas à divulgação de música popular, no Brasil, é a das bandas de corporações militares.

Formadas a partir do século XIX em alguns regimentos de Primeira Linha, em substituição à confusa formação de músicos tocadores de charamelas, caixas e trombetas vindos dos primeiros séculos da colonização, as bandas militares tiveram organização e vida muito precárias até a chegada do príncipe d. João com a Corte portuguesa em 1808.[1]

Na verdade, quando o príncipe regente desembarcou no Rio de Janeiro vindo da Bahia, no dia 6 de março de 1808, o cronista Luís Gonçalves dos Santos, o padre Perereca — que relatou todos os lances da chegada em suas meticulosas *Memórias* —, não revela qualquer episódio ligado à presença de possíveis bandas na recepção. Ao descrever o alegre alarido das ruas naquele dia que classifica de "faustoso", lembrava apenas o cronista ter ouvido "alegres repiques de sinos, e os sons dos tambores, e dos instrumentos músicos, misturados com o estrondo das salvas, estrépitos de foguetes, e aplausos do povo".[2]

---

[1] Segundo informação do professor Regis Duprat, de São Paulo, à pesquisadora Jeanne Berrance de Castro ("A música na Guarda Nacional", "Suplemento Literário" de *O Estado de S. Paulo*, 31 de maio de 1969), "em 1802, dos onze regimentos de milícias sediados em São Paulo, apenas cinco possuíam completo o seu quadro de corporação musical".

[2] Luís Gonçalves dos Santos (padre Perereca), *Memórias para servir à história do Reino do Brasil*, 2 vols., Rio de Janeiro, Zélio Valverde, 1943, vol. I, p. 211.

A existência de uma banda naquele dia festivo, aliás, não escaparia certamente a um comentário do minucioso padre Perereca, pois dez anos depois, em 1818, quando em 7 de fevereiro o mesmo príncipe d. João foi aclamado rei, com o título de d. João VI, ele não esqueceu de anotar a presença de "uma numerosa banda de música dos regimentos da guarnição da Corte", voltando a registrar mais adiante, em sua descrição do desfile militar:

> "Outra banda de música fechava esta cavalcata, após a qual se seguia uma companhia de cavalaria da real guarda da polícia, comandada por um capitão, e dois subalternos, igualmente em grande uniforme".[3]

As dificuldades para a formação de bandas militares, durante o período colonial, prendiam-se à compreensível falta de instrumentalistas de sopro numa sociedade extremamente simples e sem quadros de formação profissional, fato que levaria, inclusive, no futuro, a situarem-se os músicos em posição privilegiada dentro das corporações. Atraídos aos quadros militares pela sua rara qualificação, músicos civis vestiam a farda e passavam a fazer parte de corpos de tropa levando muitas vezes os próprios instrumentos, e passando a comportar-se como simples funcionários contratados, aos quais se dava frequentemente a vantagem do pagamento na base do soldo de oficial. Quando, após a Independência, esse problema de preenchimento dos quadros de músicos se tornou mais grave, pela multiplicação dos batalhões recrutados no entusiasmo da luta contra os portugueses, a única forma de contar com músicos era o recrutamento, que muitas vezes levava jovens estudantes de instrumentos de sopro a terem de vestir farda antes do tempo, para atender à necessidade patriótica de sons marciais para a marcha das tropas.

---

[3] Luís Gonçalves dos Santos (padre Perereca), *Memórias para servir à história do Reino do Brasil*, vol. II, p. 617.

O resultados dessa formação quase amadorística, conhecida na época por Música dos Regimentos, conferia às bandas militares aspectos que atingiam, por vezes, o limite da comicidade. Em sua descrição do Rio de Janeiro de 1823, o oficial alemão a serviço da marinha russa Otto Von Kotzebue, referindo-se às festas comemorativas do primeiro aniversário da coroação de d. Pedro I, após registrar — espantado — que os soldados das tropas fumavam, além de "fazer outras coisas inconvenientes", focalizava expressamente as bandas de música presentes ao desfile escrevendo:

"A música atraiu, sobretudo, a minha atenção. Cada coronel tem o direito de dar aos músicos de seu regimento o uniforme que lhe apraz; e por um efeito de diversidade dos gostos, esses uniformes são muito diferentes, posto que geralmente no gosto asiático".[4]

Segundo ainda Von Kotzebue, além dessas bandas que vestiam "costumes turcos, outras, costumes indianos", havia uma "cujos músicos não tinham uniformes, mas uma porção de penas de variegadas cores sobre a cabeça e em volta do corpo; achei sua música menos agradável do que a dos outros".[5]

Com se tratava de comemorar a coroação de d. Pedro I numa festa que devia congregar não apenas forças militares, mas representantes de todos os setores da vida brasileira da época, essa estranha formação de músicos descrita por Kotzebue deve ter sido uma banda de barbeiros, ou uma representação de descendentes de indígenas, o que era comum nos desfiles patrióticos da época.

---

[4] Otto Von Kotzebue, *Neue Reise um die Welt, in den Jahren 1823-1826, c'est-à-dire Nouveau voyage autour du monde, fait par... dans les années 1823 à 1826*, 2 vols., São Petersburgo, 1830 — a parte referente ao Rio de Janeiro traduzida por Rodolfo Garcia e publicada na *Revista do Instituto Histórico e Geográfico Brasileiro*, tomo 80, 1916, Rio de Janeiro, Imprensa Nacional, 1917, pp. 507-25.

[5] Otto Von Kotzebue, *op. cit.*, p. 522.

O que se pode concluir, de qualquer forma, é que só após a Independência as bandas dos regimentos de Primeira Linha passaram a merecer maior atenção das autoridades, ficando praticamente como única instituição oficial no campo da música ao alcance da massa, até o aparecimento de uma rival nas bandas de música da Guarda Nacional, a partir da década de 1830.

As bandas de música da Guarda Nacional — organização paramilitar de responsabilidade de grandes proprietários, criada por lei de 18 de agosto de 1831 — foram as primeiras a incluir em seu repertório, além das marchas e dobrados de estilo, números de música clássica e popular, em competição com as bandas de negros brasileiros, únicas existentes até então para o fornecimento de música durante festas de adro e outras solenidades cívicas ou religioso-pagãs.

Formadas quase simultaneamente em vários pontos do Brasil, o que conferia ao seu repertório uma repercussão nacional (desde 1840 havia notícia dessas bandas no Rio, Minas, São Paulo e Goiás), as bandas da Guarda Nacional vinham também contribuir para a valorização da profissão de músico, através da guerra de prestígio que estabeleceriam desde meados do século XIX com as bandas dos regimentos de Primeira Linha.

Essa particularidade, aliás, chegaria mesmo a interferir na distribuição da própria disciplina, pois o fato de ser músico, além de garantir a dispensa de todos os serviços militares, ainda servia para desculpar até mesmo infrações graves. Em pesquisa sobre a música da Guarda Nacional, publicada em 1968, Jeanne Berrance de Castro cita ofício do Comando da Guarda Nacional de São Paulo dirigido ao presidente da Província, no qual o comandante, ao referir-se à música do 1º Batalhão, lamenta a prisão do tocador de clarineta Manuel Eufrásio, "solicitando então a soltura do preso, o que lhe foi concedido".[6]

---

[6] Jeanne Berrance de Castro, *op. cit.*

Além de todas essas circunstâncias decorrentes da dificuldade em encontrar músicos suficientes, a vida das bandas militares, principalmente as da Guarda Nacional, seria favorecida pelo sistema de financiamento de suas atividades, na base de doações.

Enquanto nos regimentos de Primeira Linha a "sustentação" da música ficava a cargo dos oficiais (o que os levava a conceder privilégios aos músicos para garantir sua boa vontade e disposição), na Guarda Nacional as despesas com a banda eram cobertas pelas contribuições dos componentes da corporação. "Pagar para a música" — como se chamava então essa forma interesseira de contribuição — livrava os doadores de suas obrigações, constituindo às vezes problema reunir uma companhia no momento necessário, tal a quantidade de oficiais que alegava a desculpa de "pagar para a música".

Segundo o mais famoso ator cômico da segunda metade do século XIX, Francisco Correa Vasques (Rio de Janeiro, 1839-1892), ao explicar sua incompatibilidade com a vida política, citava o fato de ter usado esse recurso durante todo o tempo em que fez parte da Guarda Nacional:

> "Nascido nessa terra, brasileiro de quatro costados, Guarda Nacional do 1º Batalhão da Freguesia do Santíssimo Sacramento, onde paguei para a música durante seis anos, não sou hoje qualificado, não tenho foros de cidadão".[7]

A frequência no emprego de tal forma às obrigações militares, por meio de ajuda monetária para o pagamento dos músicos das bandas da Guarda Nacional, seria atestada, aliás, por outro teatrólogo, o carioca Martins Pena, na primeira versão de sua comédia de um ato *O Judas em Sábado de Aleluia*. Era na cena

---

[7] Procópio Ferreira, *O ator Vasques, o homem e a obra*, São Paulo, s.e., 1939, p. 255.

em que o personagem capitão Ambrósio, assustado ao saber pelo cabo de esquadra José Pimenta dos comentários maldosos sobre a falta de gente em sua companhia (em que mais da metade "pagava para a música"), resolvia recuar dizendo:

> "Homem, isto é o diabo! Sabe que mais? Avise a alguns dos que pagam para entrarem de novo para o serviço. Diga-lhes que [é] ordem que tivemos do comandante superior. Basta que fiquem pagando aí uns vinte e cinco ou trinta... Chega! Lá mais para diante os dispensaremos de novo, e mesmo pode-se aumentar a prestação. Vamos ao sargento; é preciso entendermo-nos com ele".[8]

O fato é que, com essa valorização das bandas de tropas da Primeira Linha e da Guarda Nacional, centenas de músicos de origem popular encontraram oportunidade de viver de suas habilidades e de seu talento, contribuindo para identificar com o povo, por intermédio da música de coreto e de festas cívicas, um tipo de formação instrumental muito próximo do das orquestras sinfônicas das elites.

No que se refere à música popular brasileira, a maior contribuição das bandas militares foi, inegavelmente, a criação do frevo em Pernambuco.

---

[8] Luís Carlos Martins Pena, *Judas em Sábado de Aleluia*, comédia de um ato, publicada no primeiro volume da obra *Teatro de Martins Pena*, editado em 1956 pelo Instituto Nacional do Livro. A fala citada é uma variante do texto-base (edição de 1873, existente na Biblioteca Nacional), e que o responsável pela edição, Darci Damasceno, dá como constando do manuscrito de 1844, do próprio Martins Pena. No texto de 1873 o autor reduziria a fala do capitão, que diz apenas: "É o diabo! É preciso cautela. Vamos à casa do sargento que lá temos que conversar. Uma demissão me faria desarranjo. Vamos".

Embora discordando em vários pontos quanto a pormenores da sua história, os estudiosos do frevo pernambucano são unânimes em concordar que as origens do *passo* (nome atribuído às figurações improvisadas pelos dançarinos ao som dessa música) se prendem à presença de capoeiras nos desfiles das duas mais famosas bandas de música militares do Recife da segunda metade do século XIX: a Banda do 4º Batalhão de Artilharia, chamado o Quarto, e a da Guarda Nacional, conhecida por Espanha, por ter como mestre o músico espanhol Pedro Garrido.

O costume dos valentões de abrirem caminho de desfiles, gingando e aplicando rasteiras, sempre fora comum em outros centros urbanos, como o Rio de Janeiro e Salvador, principalmente nas saídas de procissões. No caso especial do Recife, porém, a existência de duas bandas rivais em importância serviu para dividir os capoeiras em partidos. E, estabelecida essa rivalidade, os grupos de capoeiras começaram a demonstrar as excelências da sua agilidade à frente das bandas do Quarto e do Espanha, aproveitando o som da *musga* para elaborar a complicada coreografia que viria a culminar, ante a multiplicação das síncopas das marchas militares para atender ao seu virtuosismo, no gênero de música e dança que se passaria a chamar de frevo.

Aliás, segundo o historiador pernambucano Mário Melo, essa ligação geral do frevo com as bandas militares não ficaria apenas aí e o próprio responsável pela fixação do novo gênero teria sido o regente da Banda do 40º Batalhão de Infantaria, capitão José Lourenço da Silva, o Zuzinha:

> "Por esse tempo [início do século XX] vindo de Paudalho, onde era mestre de música" — escrevia Mário Melo —, "estava aqui como regente da Banda do 40º Batalhão de Infantaria aquartelado nas Cinco Pontas o Zuzinha, hoje [escrevia em 1938] Capitão José Lourenço da Silva, ensaiador da Brigada Militar do Estado. Foi ele quem estabeleceu a linha divisória entre o que passou a chamar-se frevo e a marcha-polca, com

uma composição que fez época e pertencia ao repertório da minha gaitinha dos tempos acadêmicos".[9]

No Rio de Janeiro, a ligação entre as bandas militares e a música popular seria favorecida pelo advento do Carnaval moderno à moda europeia, introduzido em 1855 por iniciativa do escritor José de Alencar numa tentativa de substituir o entrudo. No primeiro desfile carnavalesco, realizado naquele ano — e segundo revela o próprio escritor —, os foliões começaram contando com a música da banda que tocava aos domingos no interior do Jardim do Passeio Público:

> "Na tarde de segunda-feira" — escrevia José de Alencar no jornal *Correio Mercantil*, do Rio de Janeiro, em 14 de janeiro de 1855, anunciando o desfile dos carros alegóricos do Congresso das Sumidades Carnavalescas —, "em vez do passeio pelas ruas da cidade, os máscaras se reunirão no Passeio Público e aí passarão a tarde como se passa uma tarde de Carnaval na Itália, distribuindo flores, confete e intrigando os conhecidos e amigos".

E acrescentava, revelando a origem oficial das bandas que esperava poderem animar tão delicado Carnaval, em concorrência com a violenta explosão popular do entrudo predominantemente negro:

> "Naturalmente, logo que a autoridade competente souber, ordenará que a banda de música, que costuma tocar aos domingos, guarde-se para a segunda, e que, em vez de uma, sejam três".

---

[9] Mário Melo, "Origem e significado do frevo", *Anuário do Carnaval Pernambucano*, Recife, 1938.

Na verdade, uma das poucas oportunidades que a maioria da população das principais cidades brasileiras tinha de ouvir qualquer espécie de música instrumental, nessa segunda metade do século XIX, era de fato a música domingueira dos coretos das praças, proporcionada pelas bandas marciais.

Pois foi exatamente pela necessidade de entremear as marchas militares com músicas do agrado do público, de gosto eminentemente popular, que essas bandas de corporações militares começaram a incluir em seus repertórios os gêneros mais em voga do tempo; as valsas, as polcas, as *schottisches*, as mazurcas e, desde 1870, o maxixe.

Eram esses ritmos populares, afinal de contas, que algumas dessas bandas já estavam tocando nos bailes de máscaras realizados nos teatros, durante o Carnaval, e logo passariam a tocar também nas sedes das chamadas *Sociedades* — os clubes formados por foliões que disputavam a primazia carnavalesca em desfiles com carros alegóricos, e a partir da década de 1880 passariam a realizar bailes durante todo o ano.

Em seu anúncio conclamando o público a comparecer a seus "três grandes bailes de 2, 3 e 4 de março de 1862", os responsáveis pela promoção já anunciavam, de fato, que a música estaria a cargo de "duas superiores bandas militares (Fuzileiros e Artífices da Guerra)".

Do repertório dessas duas bandas, aliás, faria parte nas três noites, além da valsa "Machambomba", duas polcas e oito quadrilhas. Uma destas, a intitulada "Mal das vinhas" (nome de um personagem popular carioca), incluiria o som de "repiques de sinos, castanholas, matracas, ticos, etc.".

Não seria, aliás, de estranhar esse progressivo envolvimento das bandas marciais com a música popular, uma vez que, na década de 1880, a própria origem predominantemente urbana dos militares, em geral, levava-os a participar ativamente do Carnaval. Os alunos das Escolas Militares, principalmente, quase todos saídos da nascente classe média citadina, prejudicada pelo predomínio do poder rural que sustentava o Segundo Império, encontravam inclusive nos desfiles carnavalescos a oportunidade ideal para manifestar através dos carros de críticas o seu pensamento político de oposição. Em 1886, por exemplo, enquanto no Carnaval de Porto Alegre um clube formado por oficiais e alunos da Escola Militar desfilava exibindo "três montagens cenográficas razoáveis", no Rio de Janeiro, outro clube de igual formação militar, o irônico Escravocratas Carnavalescos, apresentava-se com um carro de crítica que tinha a forma de um grande barco ornado com cebolas, e dentro do qual um militar vestido de fazendeiro imitava o político conservador Martinho de Campos (natural de Cebolas, no estado do Rio de Janeiro) fazendo discursos escravagistas para o público, tendo ao lado uma grande faixa de pano em que se lia a frase de Martinho, na Câmara: "Eu não embarco nessa canoa...".

Regularmente empregadas com conjuntos instrumentais para animar bailes carnavalescos e tocar em coretos, procissões e festas de adro de igreja, as bandas de corporações fardadas iam encontrar afinal, em 1896, o mais alto momento da sua vocação democrática e da qualidade da sua música com a criação do maior e mais duradouro núcleo de formação de instrumentistas já criado no Brasil: a Banda do Corpo de Bombeiros do Rio de Janeiro.

A nova instituição, organizada pelo grande compositor e músico de choro Anacleto de Medeiros (1866-1907), surgia no momento em que a então capital do país se orgulhava de possuir o mais numeroso conjunto de bandas militares de todo o Brasil, o que lhe garantia desde logo o título de principal centro formador de músicos profissionais.

De fato, quando Anacleto de Medeiros (até então regente da Banda do Recreio Musical Paquetaense e de orquestras de bailes de Carnaval) recebeu do tenente-coronel Eugênio Rodrigues Jardim a incumbência de criar uma banda para o Corpo de Bombeiros carioca, existiam no Rio de Janeiro, além das bandas normais dos vários regimentos do Exército, a antiga Banda dos Fuzileiros, criada em 1808, após a chegada do príncipe d. João, a Banda do Corpo dos Marinheiros, a Banda da Guarda Nacional, a Banda do Corpo Policial da Província do Rio de Janeiro, a Banda do Batalhão Municipal, a Banda do Corpo Militar da Polícia e a Banda da Escola Militar da Praia Vermelha.

Essas bandas colaboravam com sua música durante concentrações públicas, desde a Festa de Nossa Senhora da Glória, muito frequentada pela elite do tempo, até as mais populares, como a Festa da Penha, e as datas importantes, como o 13 de maio, comemorativo da abolição do regime escravo, e que já no dia mesmo da assinatura do decreto reuniria no Campo de São Cristóvão uma estrondosa música marcial, durante um desfile de tropas que se tornaria o tema de uma cançoneta de Oscar Pederneiras. Cançoneta essa cuja música, por sinal, se inspirava no som das próprias bandas, e entre imitações de toques de corneta contava as divertidas peripécias de um casal, filho e sogra a caminho da festa no Campo de São Cristóvão:

> "Bem contentes
> e diligentes
> pra São Cristóvão íamos nós afinal,
> os quatro a rir
> para assistir
> ao desfilar das tropas e à missa campal".[10]

O aparecimento da Banda do Corpo de Bombeiros, no entanto, coincidindo praticamente com o advento das gravações em disco, permitiria que esses grupamentos musicais, com predominância de instrumentos de sopro, dessem a sua contribuição definitiva à música popular, por meio da gravação, com caráter qua-

---

[10] Lançada no Rio de Janeiro como número da revista teatral *1888*, do próprio Oscar Pederneiras, a cançoneta "A missa campal" constituía em verdade um plágio da *chanson* francesa de Louis César Dsorme intitulada "En revenant de la revue", conforme comprova partitura original existente no Acervo Tinhorão do Instituto Moreira Salles (IMS), em São Paulo.

se orquestral, dos mais diferentes gêneros criados ou nacionalizados pela ação dos conjuntos de choro durante a segunda metade do século XIX.

Aliás, muito curiosamente, a primeira banda militar a gravar um gênero popular brasileiro em disco não seria a Banda do Corpo de Bombeiros ou qualquer outra das tantas bandas fardadas do Brasil, mas uma banda alemã: a do 3º Regimento de Guardas de Infantaria de Berlim.

Em seu livro *Panorama da música popular*, o pesquisador Ari Vasconcelos afirmou que a Banda do Corpo de Bombeiros "foi a primeira banda a gravar no Brasil e o catálogo de 1902 da Casa Edison relaciona diversos cilindros e 'chapas' por ela registrados". De fato, com os primeiros cilindros de gramofone de Frederico Figner, dono da Casa Edison, começaram a ser gravados no fim do século XIX, é quase certo que a banda organizada por Anacleto de Medeiros em 1896 tenha sido a primeira a registrar o som de uma composição popular mecanicamente, pelos limites do século XIX. Se, porém, essa prioridade do registro nos primitivos cilindros do gramofone criado por Thomas Edison é incontestável, o mesmo não se daria, entretanto, com a gravação em discos — inicialmente chamados de *chapas* — e que só se iniciaria no Brasil em 1902. Isso porque, desde 1888, o engenheiro germano-americano Emilio Berliner havia criado o fonógrafo de discos metálicos com a trilha de gravação em espiral, e em 1900, ao mudar a matéria-prima das chapas, abandonando o alumínio pelos discos na base da definitiva mistura de goma-laca em pó da Índia, barita e algodão, começaria logo a gravar músicas do repertório internacional, usando bandas militares de vários países europeus. E — surpresa — entre essas músicas se incluiria, ainda em 1901, o maxixe "Fandanguaçu", do Clube dos Democráticos do Rio de Janeiro.

Hoje, passado quase um século, será praticamente impossível determinar de que forma, numa época de comunicação cultural tão precária entre o Brasil e a Europa, a banda do III Garde Regiment zu Fuss, de Berlim, chegou a tomar conhecimento do repertório de tangos e maxixes que animava os bailes do Clube dos Democráticos, no Rio de Janeiro. O mais provável, num tempo em que não existia produção musical organizada para o consumo, é que todas as bandas europeias tenham procurado enriquecer seus repertórios com a importação de partituras estrangeiras, a fim de enfrentar as exigências novas de um número cada vez maior de gêneros de dança, reclamados para atender ao gosto de emergentes camadas da classe média urbana deslumbradas com as possibilidades de lazer.

O certo é que, sob o nome de E. Berliner's Gramophone, e associado a uma fábrica de botões de Camden, responsável pela prensagem dos novos discos "de massa", o rival alemão de Thomas Edison inaugurou em inícios de 1900 a era da música de consumo internacional, encarregando algumas das melhores bandas europeias, como a do 3º Regimento de Guardas Alemão, a Banda Militar Municipal de Londres, a Banda do 26º Regimento de Infantaria de Viena e a Banda da Guarda Municipal do Porto, Portugal, de gravarem desde hinos nacionais, valsas vienenses e trechos de ópera, até gêneros populares de seus e de outros países.

Foi assim que, após gravar com a Banda Militar Municipal de Londres, em 4 de março de 1901, o Hino Nacional brasileiro (disco 145-X), a E. Berliner's Gramophone lançou, quase certamente em 1902 (pois a partir de série 40.000 deixou de registrar as datas no selo) pelo menos duas músicas brasileiras com a Banda do 3º Regimento de Guardas de Berlim: o maxixe "Fandanguaçu" e o tango "O bico do papagaio".[11]

---

[11] Os discos — seguramente os mais raros da discografia envolvendo gravação de música brasileira no exterior — têm dezoito centímetros de diâmetro, e estampado no seu círculo central (as indicações eram prensadas em relevo, em vez de impressas em selos e coladas no disco, como se usaria depois), lê-se "E. Berliner's Gramophone, Covered by English and Continental Patents 40.189, German, Band, Fandanguassa A. Democraticos vom III Garde Regiment z. F., Berlin"; e, com as mesmas indicações sob o número 40.192: "o Rico do Papagaio". Os erros de ortografia se explicam, natu-

Em sua investida pioneira no setor das gravações em disco — inicialmente efetuadas de um lado só da chapa — a E. Berliner's Gramophone demonstrava tal interesse pelas execuções das bandas movida por uma necessidade de ordem técnica, ligada à precariedade dos registros mecânicos: é que, como as vibrações sonoras eram então registradas diretamente na cera depois de passarem por uma corneta acústica, as gravações mais bem-sucedidas tinham sido desde o início as das poderosas seções de sopro das bandas militares, treinadas para tocar estrondosamente ao ar livre.

Por essa mesma razão, no Brasil, a Banda do Corpo de Bombeiros, bem como outras bandas contemporâneas — do Batalhão do 13º Regimento de Cavalaria, do 52º de Caçadores, do 10º Regimento de Infantaria do Exército, no Rio, e da Força Policial de São Paulo, entre muitas —, estavam destinadas a figurar na preferência dos criadores da primeira gravadora brasileira, ou seja, o tchecoslovaco Frederico Figner, da Casa Edison, do Rio de Janeiro, e seu irmão Gustavo Figner, da filial da mesma casa em São Paulo, ou, ainda, do ítalo-argentino Savério Leonetti, que a partir da primeira década do século usaria as bandas do 10º Regimento de Infantaria e da Brigada Militar para uma série de discos das marchas "Gaúcho" e "Phoenix", no Rio Grande do Sul.

De todas essas bandas, porém, a que o futuro revelaria mais bem preparada para o papel histórico de divulgadora de gêneros populares vindos do século XIX foi, inegavelmente, a organizada pelo mulato filho de escrava liberta Anacleto de Medeiros.

---

ralmente, pelo fato de o operário alemão encarregado de montar as letras tipográficas com os nomes a serem impressos não saber português, compondo as palavras a partir do original manuscrito por alguém que provavelmente também não conhecia a língua. Quanto ao disco do Hino Nacional brasileiro, sob o número 145-X, e datado na matriz com estilete 4-3-01 — a sua importância está em constituir a primeira gravação da música de Francisco Manuel da Silva no estrangeiro. Todos os discos citados fazem parte da coleção do autor, incorporada ao IMS como Acervo Tinhorão, que não conhece a existência de outros exemplares no Brasil.

Criado por um benfeitor, o dr. Pinheiro Freire, de quem não ficariam maiores informações, o menino Anacleto de Medeiros, nascido na bucólica ilha de Paquetá, na baía de Guanabara, começou estudando flautim com o mestre Manuel Luís de Santa Cecília, da Sociedade Musical Paquetaense, foi colega de estudo de clarineta do futuro autor do Hino à Bandeira, maestro Francisco Braga, e, ao receber o título de professor daquele instrumento pelo Conservatório Imperial de Música, em 1886, passou a dividir suas atividades entre o funcionalismo público (trabalhava como tipógrafo da Imprensa Nacional) e a organização de bandas, como a Recreio Musical Paquetaense, ou de centros de estudos musicais, como o Clube Musical Gutenberg.[12]

Paralelamente a todas essas atividades, Anacleto de Medeiros tocava ainda em orquestras de bailes carnavalescos de teatro e em conjuntos de choro, começando a compor polcas, valsas e *schottisches* de melodias e harmonias tão requintadas, que logo seria incluído entre os mais conceituados continuadores de uma tradição de músicos populares que contava com nomes vindos do século XIX, como Mesquita e Calado, e de contemporâneos de talento comprovado, como Ernesto Nazaré e Chiquinha Gonzaga.

Assim, quando em 1896 Anacleto de Medeiros se tornou regente de fato da música dos bombeiros cariocas (ironicamente, a sua nomeação oficial só saiu em agosto de 1907, dois meses antes da sua morte), a Banda do Corpo de Bombeiros do Rio de Janeiro surgia pronta para iniciar, no mais alto nível, uma trajetória musical que jamais desprezaria o cultivo dos mais diversos gêneros populares.

A primeira apresentação pública da banda dirigida por Anacleto de Medeiros deu-se em 15 de novembro de 1896 na inau-

---

[12] Segundo informação de Jota Efegê (o jornalista João Ferreira Gomes), no artigo "Um semeador de bandas" (terceiro caderno de *O Jornal*, do Rio de Janeiro, de 10 de julho de 1966), Anacleto de Medeiros ainda "teria organizado pequena banda em Magé", no estado do Rio de Janeiro.

guração da sede do 4º Batalhão de Incêndio, no largo do Humaitá, nos limites do bairro de Botafogo com Jardim Botânico, no Rio de Janeiro.

Para os cariocas acostumados ao tom algo duro e formal das bandas do tempo, a banda de Anacleto deve ter soado com a doçura inesperada de uma música que hesitasse entre as denguices do choro e o requinte das execuções sinfônicas. É que, se por um lado a instrumentação de Anacleto para as mais despretensiosas marchas e dobrados atingiam os limites do clássico, entre os músicos que ele chamara para compor a Banda do Corpo de Bombeiros figuravam alguns dos mais conhecidos componentes de conjuntos de choro do seu tempo. Para citar apenas alguns nomes, figuravam na nova banda o pistom Casimiro Rocha (futuro autor da polca "Rato, rato", sucesso no Carnaval de 1904), o flautista Irineu Pianinho, os contrabaixistas Lucas e Gonzaga, os clarinetistas Antão e Pedro Augusto (depois contramestre da banda), os tocadores de bombardino Geraldino e João Mulatinho (que também chegaria a contramestre), o trombonista e oficlidista Irineu de Almeida, e o pistonista Albertino Pimentel, que o sucederia na regência em 1907.

Essa formação à base de músicos predominantemente populares deve ter influído, afinal, para que o pioneiro do comércio das máquinas falantes, Frederico Figner, escolhesse para inaugurar a indústria da gravação de música no Brasil exatamente a Banda do Corpo de Bombeiros.

A maneira superior pela qual os músicos dirigidos por Anacleto de Medeiros se desincumbiram dessa missão pode ser comparada hoje por meio de algumas dezenas de discos gravados nas duas primeiras décadas do século XX pela Banda dos Bombeiros, não apenas no selo Odeon amarelo, da Casa Edison, mas em discos Victor gravados de um só lado, e ainda em discos Columbia de selo azul (Columbia Record) e violeta (Disco Brasileiro).

Desde os primeiros cilindros gravados ainda no fim do século XIX até os discos de 76 rotações produzidos entre 1902 e 1907, ano de sua morte, todas as gravações da Banda do Corpo de Bombeiros tiveram à sua frente o gordo Anacleto de Medeiros, sempre dirigindo seus músicos com uma longa vara em lugar da batuta.

Com o aparecimento dos discos criados por Berliner, no início do século XX, os cilindros praticamente desapareceram, transformando-se alguns raros exemplares em relíquias de museu, mas pelos discos Odeon da série 40.000 da Casa Edison, todos gravados ainda em vida de Anacleto, e hoje disponíveis em mãos de colecionadores, ainda é possível avaliar a importância dessa primeira fase da Banda do Corpo de Bombeiros do Rio de Janeiro.

Uma dessas primeiras gravações, a valsa "Farrula" (Odeon Record nº 40.111), e que, por acaso, tem erroneamente indicado como título, no selo do disco, o nome do autor — Anacleto de Medeiros —, constitui um dos melhores exemplos da categoria musical não apenas do regente-compositor, mas dos músicos chorões chamados a compô-la. A instrumentação de Anacleto para a sua banda era tão requintada nessa e em outras composições dessa primeira fase que, de certa maneira, antecipava a moderna tendência das bandas militares em ampliar seu instrumental, criando com os mesmos músicos bandas sinfônicas ou de concerto.

Aliás, alguns anos depois — muito provavelmente em inícios de 1906 — Anacleto de Medeiros gravaria um dobrado de sua autoria comemorativo do cinquentenário da corporação, o "Jubileu dos Bombeiros" (Odeon Record nº 40.668), cuja partitura, analisada sessenta anos mais tarde pelo catedrático da cadeira de Harmonia da Escola Nacional de Música, Paulo Silva, provocaria uma admiração que o professor resumia afirmando, segundo o cronista Carlos Maul, que "gostaria de poder harmonizar como fizera Anacleto nessa composição magnífica".[13]

---

[13] Citado em "Um músico notável: Anacleto de Medeiros", artigo de Carlos Maul publicado no matutino *A Notícia*, do Rio de Janeiro, de 24 de abril de 1965. Segundo o jornalista Jota Efegê, pouco antes de morrer Anacleto de Medeiros teria orientado os ensaios da orquestra do rancho carnavalesco carioca Ameno Resedá, o qual, para homenageá-lo, tocaria sob a

Essa opinião seria confirmada ainda uma vez em 1968, a propósito de outra composição de Anacleto, pelo crítico José da Veiga Oliveira, quando, ao comentar em rodapé do "Suplemento Literário" do jornal O Estado de S. Paulo o lançamento do *long-playing Suíte Guanabara* (título da composição do paulista Osvaldo Lacerda), gravado pela Banda do Corpo de Bombeiros sob a direção do capitão Otônio Benvenuto da Silva, escreveu com entusiasmo:

> "Outro interessante tópico é a dificuldade da classificação da *Suíte Guanabara*. Clássico? Popular? Certos discários, aos receberem a gravação da Banda, imediatamente colocaram-na no casulo popularesco... Pouca importância terá. Mesmo porque a face B inclui pequena obra-prima de Anacleto de Medeiros (1866-1907), fundador da gloriosa Banda do Corpo de Bombeiros do Distrito Federal, cujo primeiro concerto público se realizou em 15 de novembro de 1896. Trata-se do esplêndido dobrado 'Arariboia', divinamente comunicativo, naquele contagiante ritmo bem brasileiro. Que pena Mário de Andrade não estar vivo! Que adjetivos não iria buscar o grande musicólogo para qualificar o dobrado... e sua performance!"[14]

---

forma de marcha em seus desfiles, durante vários anos, o dobrado "Jubileu", com letra de Antenor de Oliveira. A informação de Jota Efegê está em seu artigo "Anacleto de Medeiros entrou no Carnaval carioca com 300 mulatas maxixeiras", publicado no matutino *O Jornal*, do Rio de Janeiro, de 17 de dezembro de 1967.

[14] José da Veiga Oliveira, "Eis a Banda", *O Estado de S. Paulo*, 20 de abril de 1968. Apesar disso — e lamentavelmente —, do concerto da Banda Sinfônica desse mesmo Corpo de Bombeiros, comemorativo do 117º aniversário da corporação, realizado no Teatro Municipal do Rio de Janeiro em 8 de julho de 1973, não fazia parte uma única composição da autoria de Anacleto de Medeiros.

Ao lado da Banda do Corpo de Bombeiros do Rio de Janeiro, que conseguiria manter o renome mesmo após a morte de seu criador, em 1907 — depois de Anacleto a música dos Bombeiros teria como regentes o antigo músico de choro Albertino Pimentel (que chegou a tenente), o professor Agostinho Luís de Gouveia, o capitão Antônio Pinto Júnior, os tenentes Antônio e Iládio do Nascimento, Adjalme Rodrigues Silva, Dionísio Rosa Reis e, a partir de 1962, e até 1973, o capitão cearense Otônio Benvenuto da Silva —, a música popular brasileira poderia contar ainda com o prestígio de uma série de outras bandas militares, até mesmo em episódios cuja repercussão não seria muito lisonjeira para a rigidez da disciplina.

O mais antigo desses episódios algo escandalosos, provocados pela intimidade entre a música popular e as bandas militares, ocorreu em 1906 no Rio de Janeiro, envolvendo — muito a propósito — a atuante Banda do Corpo de Bombeiros, e a pioneira Banda do Corpo de Fuzileiros Navais.

Desde o início do século XX, o vigário da igreja de Santa Rita, fronteira à praça do mesmo nome, na zona central do Rio, costumava solicitar a presença de bandas militares para animar a festa de arraial organizada em homenagem à santa, no mês de maio.

Postadas as bandas sobre os coretos armados de frente para a igreja de Santa Rita, era costume, após a execução do primeiro número musical de cada banda, receber os cumprimentos do regente da outra. Nesse ano de 1906, entretanto, sem que se viesse a saber exatamente a causa, o regente da Banda dos Fuzileiros deixou de cumprir a sua parte no ritual de elegância, após a aplaudida exibição dos músicos de Anacleto de Medeiros. Essa atitude, traduzindo ao que tudo indica alguma rixa surda entre os músicos das duas corporações, foi seguida imediatamente de um conflito em que voaram bumbos e trombones, e que só teve fim com a chegada de uma patrulha chamada às pressas pelo aturdido vigário de Santa Rita. Não é preciso dizer que a festa terminou sem música e, desse ano em diante, o vigário teve o cuidado de construir apenas um coreto, convidando desde então uma banda de cada vez.[15]

Muito mais escandaloso, no entanto, seria o caso criado um ano depois por uma banda do Exército, ao tocar, no encerramento das manobras militares realizadas em Santa Cruz, diante do próprio ministro da Guerra e oficiais estrangeiros, o buliçoso maxixe "Vem cá mulata", dedicado por seu autor, Arquimedes de Oliveira, ao clube carnavalesco dos Democráticos.

Com o reinício da prática de manobras militares em 1905 (interrompidas durante vinte anos), pelo então comandante do 4º Distrito Militar, general Hermes da Fonseca, o movimento de tropas pelos subúrbios cariocas, na direção do Campo dos Cajueiros, no Curato de Santa Cruz, transformou-se numa grande festa popular, com os soldados cantando em marcha pelas estradas, e suas famílias lotando os trens da central para visitá-los no campo de batalha simulado aos domingos, levando comedorias, frutas e refrescos.

Em setembro de 1906, já convidado para o cargo de ministro da Guerra do governo Afonso Pena, que se inauguraria em 15 de novembro daquele ano, o recém-promovido marechal Hermes da Fonseca comandava sua segunda grande manobra em Santa Cruz quando o ministro alemão, barão Von Reichau, presente aos exercícios na qualidade de adido militar da Embaixada da Alemanha no Rio, pediu à banda militar do Exército que tocasse alguma música brasileira, e foi atendido com a execução do tango-chula de maior sucesso no Carnaval daquele ano — o nada protocolar "Vem cá mulata", dançado como maxixe nas ruas, nos clubes e no palco do Palace-Teatro, numa revista estreada naquele mesmo mês de setembro.

---

[15] O episódio foi narrado à folclorista Marisa Lira em carta de seu leitor Godofredo Cardoso, e por ela reproduzida na série "Brasil sonoro" (publicada no "Suplemento Literário" do jornal carioca *Diário de Notícias*), ao pé do artigo "Nos belos tempos de 1890 a 1900", em 7 de fevereiro de 1960.

Indignado com o que julgou uma concessão inadmissível ao mau gosto e à "imoralidade" da massa, o marechal Hermes baixaria dias depois um aviso proibindo a inclusão de maxixe no repertório das bandas militares.

O papel das bandas como divulgadoras de composições populares, no entanto, não se restringia ao Rio de Janeiro. Em São Paulo, segundo afirmação do pesquisador Aluísio de Almeida em um estudo intitulado "Folclore da banda de música", "a Banda da Polícia já era boa quando, no Império, a Força Pública se chamava Corpo dos Permanentes".

"Nos primeiros anos da República", acrescentava Aluísio de Almeida, "a banda de música da polícia ou da Força Pública de São Paulo tornou-se a melhor do estado, sob a regência do maestro Antão".[16]

Ao que tudo indica, a música dessa banda paulista gozava mesmo de grande popularidade entre o público que ia ouvi-la tocar nas noites de quinta-feira no coreto do Jardim da Luz, e aos domingos no Palácio do Governador, pois, logo no início do século XX, Frederico Figner começa a lançar pela Casa Edison do Rio de Janeiro uma série de discos da Banda da Força Policial de São Paulo, em que, às vezes, consta expressamente indicado no selo do disco: "Dirigido pelo maestro Antão".[17]

---

[16] Aluísio de Almeida, "Folclore da banda de música", *Revista do Arquivo Municipal de São Paulo*, vol. CLXXVI, 1969, p. 56.

[17] Há pelo menos um disco Odeon na série mais antiga — o de número 40.709, com a mazurca "Sonho de amor" — em que consta a indicação "1º Reg. da Força Policial", o que faria remontar as primeiras gravações sob a regência do tenente Antão Fernandes a meados do primeiro decênio do século XX. O nome do maestro Antão, entretanto, só começa a aparecer expressamente citado nos selos dos discos a partir da série 108.000, o que situa ao menos o período de maior atividade da banda no campo das gravações pelas alturas da década de 1910. E, de fato, um desses discos é o da valsa "Viúva alegre", da opereta *Viúva alegre*, estreada no Rio em 1907, fazendo tal sucesso em 1909 que nada menos de cinco diferentes companhias a

Ao contrário dos músicos de Anacleto de Medeiros, muitos deles oriundos dos meios do choro, os da Banda da Força Policial de São Paulo produziam sob a batuta do maestro Antão Fernandes um som duro e marcial, mesmo nas mais alegres peças populares, como no caso da marchinha carnavalesca "Vassourinha", que aparece em disco de 1915 com uma introdução típica do dobrado militar.

Aliás, por esses meados da segunda década do século XX, e muito provavelmente sob a direção de outro mestre (pois o nome do maestro Antão desaparece dos selos dos discos), a composição da Banda da Força Policial de São Paulo não parece ter mudado o seu rigorismo, pois até na gravação de um maxixe intitulado exatamente "O maxixe" — o que fazia esperar algum malicioso sapecado rítmico — o som que se ouve é ainda o de uma banda militar, desembaraçando-se das armadilhas populares cariocas da partitura com a dignidade superior de um conjunto musical cosmopolita.

Na Bahia, finalmente, aparece gravando discos para a Casa Edison por volta de 1917 a Banda do 1º Batalhão da Polícia, sobre a qual faltam maiores informações, mas cuja qualidade pode ser aferida pela execução de alguns dobrados, como o "Duzentos e vinte" ou a "Inglesinha", onde a excelência dos arranjos aparece ressaltada pelo alto nível do desempenho dos músicos baianos.

Essa importância nacional que as bandas militares assumiram após o advento do disco, refletindo sua atuação efetiva como divulgadora de gêneros de música popular nos coretos das praças, iria traduzir-se inclusive na dignidade que conferiam aos seus músicos.

No Rio de Janeiro, uma prova disso seria fornecida pelo maestro Jesus, do Batalhão Naval, que além de gravar durante

---

encenaram esse ano, sempre com bom público. A gravação da valsa "Viúva alegre" pela Banda da Força Policial de São Paulo, sob a regência do maestro Antão, é a de número 108.410, tendo do outro lado a "Valsa lenta do maestro Osvaldo".

anos à frente da banda não apenas dobrados e marchas, mas valsas e tangos brasileiros — como o "Matuto", de Marcelo Tupinambá —, formou em 1920 um conjunto para gravar discos comerciais na Casa Edison, fazendo constar expressamente dos selos dos discos a indicação: "Grupo do Jesus, Batalhão Naval".

Às vésperas da década de 1930, outra indicação da importância das bandas militares, como conjuntos de som reconhecidamente populares, seria fornecida pela própria fábrica de discos Odeon, ao criar em 1927, para gravações sob seu selo Parlophon, uma Orquestra Militar Parlophon.

Ao escrever em 1931 um artigo na revista *Weco*,[18] da Casa Carlos Wehrs (editora de músicas e especializada na venda de instrumentos musicais), o funcionário da editora, Djalma de Vincenzi, reconhecia de maneira definitiva esse prestígio popular das bandas militares, ao sugerir que começassem a incluir em seus repertórios partituras de músicos eruditos brasileiros da então florescente escola nacionalista:

> "Certamente que seria de muita conveniência", escrevia De Vincenzi, "ir aos poucos habituando essa gente" — referia-se ao povo das praças públicas ouvintes da música dos coretos — "a apreciar também boas melodias, e assim modificar o juízo de que os concertos públicos são unicamente para os que têm pelos sambas e maxixes restrita preferência; e não compreendem a beleza e os valores artísticos das obras musicais de Miguez, Delgado de Carvalho, Barroso Neto, Nepomuceno, Fróis, Francisco Braga, Francisco Mignone, Lorenzo Fernandes, Assis Republicano, e outros tantos inspirados compositores patrícios".[19]

---

[18] Djalma de Vincenzi, "Nacionalizando o repertório das bandas militares", *Weco*, ano II, nº 2, Rio de Janeiro, Casa Carlos Wehrs, 1931.

[19] De Vincenzi, *op. cit.*

Segundo ainda o autor do artigo, por esse início da década de 1930 os jornais costumavam publicar aos sábados os programas das audições dominicais das bandas militares em diferentes praças do Rio — como a Saens Pena, a Harmonia e o largo da Glória — e acrescentava:

> "Geralmente, quando não é fornecido programa à imprensa, o mestre faz executar em maioria músicas populares, seja os sambas e marchas em maior evidência, ou fox-trotes conhecidos, de filmes americanos, sincronizados, para os quais conta com a simpatia dos ouvintes, estes na quase totalidade compostos de gente modesta e de cultivo rudimentar".

O autor do artigo, por sinal, lembrava que o exemplo de nacionalização do repertório das bandas militares em suas audições públicas já estava sendo dado àquela época em alguns estados do Sul, com "uma grande banda rio-grandense" tocando em Porto Alegre "um repertório brasileiro de obras musicais de reconhecido valor artístico", selecionado pelo autor do hino "Rio Grande de pé", Alcides Dias Antunes, e com a Banda da Força Militar do Paraná chegando a tocar no Teatro Municipal do Rio, sob a regência do capitão Romualdo Suriani, "um concerto de músicas exclusivamente nacionais".

Com o advento do Estado Novo, porém, as bandas militares retiraram-se dos coretos das praças, só comparecendo aos estúdios para gravar músicas marciais, como se daria inclusive com a própria Banda do Corpo de Bombeiros, ao interromper um longo silêncio em 1943 com a gravação de uma dezena de dobrados e hinos patrióticos na série de discos 80.000 da companhia RCA-Victor.

As relações entre as bandas militares e a música popular só voltariam a se tornar constantes a partir do início da década de 1950, quando a Banda da Força Pública de São Paulo grava na fábrica Continental o disco 16.203, de 78 rotações, com o maxixe "Perereca", de um lado, e a valsa "Último amor", de outro, precedendo de alguns anos ao lançamento, no Rio, do LP *Estão voltando as flores*, com que a velha Banda do Corpo de Bombeiros carioca reapareceria em grande estilo, em 1960.

O sucesso dessa volta da Banda do Corpo de Bombeiros (que a partir de então gravaria uma série de LPs, como *Marchas de rancho*, *Essas também são rancho*, *Um dia de retreta*, *Carnaval em três épocas*, *Maxixes e choros*, *Alvorada* e *Aquarela brasileira*) serviria para animar outras bandas militares a gravar música popular. Entre elas estaria o Grande Conjunto Musical da Polícia Militar, criado em 1924 e que, em 1960, sob a direção do maestro tenente Dalmo da Trindade Reis, gravou o *long-playing Confeti e serpentina* (Prestige DLP-1.004), com marchas de Carnaval, incluindo a marcha-rancho "Os rouxinóis", que marcava a volta do compositor Lamartine Babo ao Carnaval carioca, em 1959. Cinco anos depois, quando a comemoração do IV Centenário do Rio de Janeiro fez surgir centenas de composições louvando as belezas da cidade, essa participação dos músicos da Polícia Militar carioca se tornaria completa no campo da criação popular: sob o título *Exaltação à Guanabara*, o tenente Arnaldo Júnior e seus companheiros Luaj Brum e Luís Andrade se lançariam como compositores com dois sambas e duas marchas-hino, cantados por Dario Marquez e pela novata Neide Rosas.

Parte III
OS PALCOS DO POVO

9.
OS CAFÉS-CANTANTES E OS CHOPES-BERRANTES

Os cafés-cantantes e as casas de chope com palquinhos para números de canto a cargo de artistas populares de vozes não muito educadas (e por isso chamados de chopes-berrantes) foram responsáveis em todo o Brasil pelo florescimento de um gênero musical de inspiração vaudevilesca francesa, que desapareceu praticamente sem deixar traço: a cançoneta.

No Rio de Janeiro, segundo depoimento do cronista João do Rio, as casas de chope — que ele via em decadência ao findar a primeira década do século XX — tiveram ainda o papel importantíssimo de abrigar em seus praticáveis de madeira, armados à guisa de palco, muitos cantores daquelas modinhas populares que, para serem ouvidos fora do seu meio, até então, obrigavam o interessado a "arriscar a pele em baiucas equívocas e a acompanhar *serestas* ainda mais equívocas".[1]

A instituição dos cafés-cantantes, enquanto casas de espetáculos com serviços de cozinha e bebidas, constituía uma criação europeia mais ou menos recente, mas aproveitava a velha tradição que, vinda pelo menos desde o século XVII, fazia dos cafés um ponto de reunião de artistas, intelectuais, políticos e gente disposta a contar piadas, declamar e cantar interminavelmente, muitas vezes encaixando novos versos em estribilhos musicais consagrados pelo tempo.[2]

---

[1] João do Rio, "A decadência dos chopes", in *Cinematógrafo* (*Crônicas cariocas*), Porto, Livraria Chardron (Lelo & Irmão), 1909, p. 131.

[2] Na França, particularmente, essa capacidade de ouvir longamente

Nos cafés-cantantes — que no correr do século XIX se ampliariam na Europa, dando lugar ao aparecimento das grandes salas dos cafés-concerto — os cantores deixavam entrever a origem burguesa daqueles estabelecimentos, cantando quase sempre de fraque e de cartola (como no Brasil ainda faziam no início do século XX Eduardo das Neves e Geraldo Magalhães), enquanto as cantoras se dividiam em categorias que levavam em conta os seus diferentes estilos, indicados em francês: *chanteuse à voix, gommeuse, de genre, excentrique, copurchic, cascadeuse, sentimentale, grivoise* e *internationale*.

No Brasil, e particularmente no Rio de Janeiro — onde no limiar do século XX se concentrava o maior foco de vida noturna do país — a novidade dos cafés-cantantes não chegou a evoluir para a dimensão mais pretensiosa dos cafés-concerto europeus, mas, ao contrário, tendeu a projetar socialmente a sua influência para baixo, fazendo nascer com os *chopes*, concentrados na rua do Lavradio e depois na avenida Gomes Freire, em pleno centro da cidade, o mais autêntico e democrático gênero moderno de diversão popular.

Em uma crônica intitulada exatamente "Os cafés-cantantes", e publicada na revista *Fon-Fon!* em 1924, quando os últimos cafés-cantantes já agonizavam em velhos casarões da avenida Gomes Freire, o colunista Álvaro Sodré descrevia essas casas de arte plebeia urbana com rara precisão:

> "Todos os cafés-cantantes se parecem. Uma sala, quase sempre pequena, um balcão de mármore, um caixeirinho magro de pastinhas, um senhor gordo em mangas de camisa e bigodes muito grandes no caixa. A um canto, um piano muito velho e muito fanhoso

---

as interpretações de um único cantor acabaria fazendo surgir o chamado *tour de chant*, ou seja, a apresentação de até dez números em seguida pelo mesmo intérprete.

espancado furiosamente pelos dedos calejados de um pianista de alta escola; no fundo, um palco, sem arte, sem gosto, sem forma definida. Palcos sem bastidores...".[3]

Sobre esse palco tosco, o cronista revelava haver sempre, além da "bailarina de pernas gordas que toca castanholas", "a mulata de colo nu que se requebra nos maxixes sobre dois tamancos barulhentos", e, ainda, "a cançonetista romântica, o fado, a canção, a modinha, o fandango, acopla, tudo aprece, à luz da ribalta, aos acordes do piano que geme, e chora e soluça, e se lamenta, e range e estoura...".[4]

Nesses cafés-cantantes tinha dominado, no início do século XX, como lembraria o memorialista Luís Edmundo, "a cançoneta *montmartroise*, sobretudo a que se acomodava à tendência patrícia pelo *double sens*, suja, maliciosa ou pornográfica":

> "Cantoras do gênero lírico, vindas embora da Inglaterra, da Alemanha, da Espanha e sobretudo da Itália" — recordava Luís Edmundo —, "no Rio de Janeiro não conseguem fazer grande sucesso. O canto lírico não se fez para o café-concerto do Brasil. O que nele se ama com fervor é a cançoneta brejeira e leve. Nada mais".[5]

E essa era, por sinal, a mesma cançoneta que passava a dominar também nos palcos do teatro musicado, pois, no dizer de um desolado comentarista da seção "O teatro" da revista carioca *O Malho*, de 1902, o teatro musicado se encontrava em tal

---

[3] Álvaro Sodré, "Os cafés-cantantes", *Fon-Fon!*, 26 de julho de 1924.

[4] Álvaro Sodré, *op. cit.*

[5] Luís Edmundo, *O Rio de Janeiro do meu tempo*, vol. 3, p. 471.

decadência, por aquela época, que — afirmava — "em matéria de arte teatral temos apenas os cafés-cantantes".

Em artigo escrito em 1938 para o *Jornal dos Teatros, Casinos e Dancings*, o professor de direito, chargista e boêmio da *belle époque* carioca, Raul Pederneiras, afirmava que já naquela época ninguém mais se lembrava do tempo dos monólogos e das cançonetas, mas elas tinham tido o seu domínio inclusive nos teatros. E escrevia:

> "Em outros tempos ditosos, quase sempre aos domingos, os teatros improvisavam *matinés* em que colaboravam artistas do elenco e de fora, com seus repertórios. Muitos atores tinham na bagagem teatral uma série de monólogos e cançonetas para essas ocasiões e, da coleção, cada um destacava o de maior êxito".[6]

Segundo lembrava então Raul Pederneiras, a cançoneta infalível de Machado Careca era "A missa campal" (plagiada de autor francês por Oscar Pederneiras e lançada numa revista de teatro de 1888); a do ator Leonardo era o maxixe "Fandanguaçu" ("até hoje não superado", afirmava o autor do artigo), e a da atriz Ana Manarezzi, o tango "As laranjas da Sabina" (lançado na revista *A República*, de 1890, com letra de Artur Azevedo).

Havia, como se vê, uma decidida tendência para a acomodação da "cançoneta *montmartroise*" ao gosto nacional, levando-a a uma confusão com tangos (que muitas vezes eram lundus disfarçados), modinhas e maxixes.

Quem explicaria admiravelmente essa transição da cançoneta francesa para a modinha nacional, no âmbito das casas de chope, e por sinal escrevendo ainda antes do início da segunda

---

[6] Raul Pederneiras, "Monólogos e cançonetas", *Jornal dos Teatros, Casinos e Dancings*, ano I, nº 3, Rio de Janeiro, 2 de maio de 1938, p. 2.

década do século XX, seria o repórter e cronista da vida carioca Paulo Barreto, o João do Rio:

> "As primeiras casas [de chope] apareceram na Rua da Assembleia e na Rua da Carioca. Na primeira, sempre extremamente concorrida, predominava a nota popular e pândega. Houve logo a rivalidade entre os proprietários. No desespero da concorrência os estabelecimentos inventaram chamarizes inéditos. A princípio apareceram num pequeno estrado ao fundo, acompanhados de piano, os imitadores de Pepa [a atriz Pepa Delgado] cantando em falsete a *estação das flores*, e alguns tenores gringos, de colarinho sujo e luva na mão. Depois surgiu o chope enorme, em forma de *hall* com orquestra, tocando trechos de óperas e valsas perturbadoras, depois o chope sugestivo, com sanduíches de caviar, acompanhados de árias italianas. Certa vez uma das casas apresentou uma harpista capenga mas formosa como as fidalgas florentinas das oleografias. No dia seguinte um empresário genial fez estrear um cantor de modinhas. Foi uma coisa louca. A modinha absorveu o público".[7]

Na verdade, porém, nos poucos cafés-cantantes com pretensões a café-concerto, como o Maison Moderne (da esquina da rua do Espírito Santo, hoje D. Pedro I, com a praça Tiradentes), o Palace-Teatro e o High-Life, deviam predominar de fato as cançonetas vaudevilescas trazidas por artistas internacionais, como a francesa Fanny Latarin, a italiana Tina de Lorenzo, a húngara Boriska, a espanhola Guerrerito ou a inglesa Jenny Cock, ficando as modinhas e cançonetas compostas sobre fatos do dia —

---

[7] João do Rio, *Cinematógrafo*, pp. 130-1.

como as do ex-palhaço Eduardo das Neves — para os chopes-berrantes de público certamente muito mais popular.

É isso, pelo menos, o que se pode concluir hoje, quando se lê em Luís Edmundo que

> "o *chope-berrante* das ruas do Lavradio, Visconde de Rio Branco, Lapa e adjacências, supre para o homem de pequena bolsa, entre nós, o *music-hall* de espavento, o que pode dar-se ao luxo de exibir cançonetistas francesas, malabaristas japoneses ou números de pantomima americana ou alemã".[8]

Nesse tipo de "centro de diversão modesto, onde o *ticket* de entrada é substituído pela obrigatoriedade de uma consumação qualquer",[9] quase sempre improvisado numa loja estreita e funda de um prédio antigo, a figura indispensável era a do pianista de fraque e gravata-borboleta, acompanhando cantores como o famoso Eduardo das Neves que, segundo lembrança de Luís Edmundo, "quando foi número de *music-hall* perdeu a tramontana e andava de *smoking* azul e chapéu de seda".

Aliás, segundo testemunho do contemporâneo João do Rio, "o chope tornou-se um concurso permanente", onde "os modinheiros célebres iam ouvir os outros contratados", que por sinal contavam-se por dezenas, ao início do século XX, tal a profusão das casas de chope-cantante:

> "Onde não havia um chope?" — perguntava João do Rio, e logo respondia: "Na Rua da Carioca contei uma vez dez. Na Rua do Lavradio era de um lado e do outro, e a praga invadira pela Rua do Riachuelo a

---

[8] Luís Edmundo, *O Rio de Janeiro do meu tempo*, vol. 3, p. 482.

[9] Luís Edmundo, *op. cit.*

Cidade Nova, Catumbi, o Estácio, a Praça Onze de Junho...".[10]

Quinze anos depois dessa observação, embora João do Rio achasse a instituição dos chopes em decadência, o já citado cronista Álvaro Sodré mostrava em 1925, em outra crônica novamente intitulada "O café-cantante", que aqueles centros de arte popular continuavam a expandir-se, mas passando aos bairros mais pobres, enquanto as casas do gênero capazes de maior luxo recebiam uma clientela elegante, sob o nome *cabarets*.

"O mais interessante deles" — escrevia Álvaro Sodré, referindo-se aos cafés dos pobres — "é um na Rua do Livramento, na Saúde. É o café dos marinheiros, estivadores, serventes de pedreiro, dos profissionais da vadiagem. Todas as noites ali se reúne a flor da Saúde. Meia dúzia de mesas, um choro, um balcão de mármore e uma lâmpada elétrica — eis tudo. Lá dentro um bafio de álcool. Não têm orquestras, mas possuem o violão. E o Destino ainda não lhes deu a mulata...".[11]

Era isso o que João do Rio confirmava como uma antevisão, em sua verdadeira reportagem retrospectiva de 1904, ao reviver os dias áureos dos chopes-berrantes:

"Oh!, o chope! Quanta observação da alma sempre cambiante desta estranha cidade! Eram espanholas arrepanhando os farrapos de beleza em *olés* roufenhos, eram cantoras em decadência, agarradas ao

---

[10] João do Rio, *Cinematógrafo*, p. 132.
[11] Álvaro Sodré, "O café-cantante", *Fon-Fon!*, 14 de fevereiro de 1925.

velho repertório, ganindo a *celeste Aída*, e principalmente os modinheiros nacionais, cantando maxixes e a poesia dos trovadores cariocas — essa poesia feita de rebolados excitantes e de imensas tristezas, enquanto as plateias aplaudiam rufiões valentes, biraias medrosas de pancada, marinheiros a gastar em bebida todo o cobre, fascinados por esse vestígio de bambolina grátis".[12]

Um retrato ainda mais vivo desse clima barulhento, acanalhado, algo triste, mas vigorosamente popular dos chopes-berrantes cariocas da virada do século, seria fornecido pela pioneira gravadora Casa Edison, num disco de intenções cômicas intitulado "Em um café-concerto" (Odeon Record nº 108.172).

Nesse disco, gravado por Eduardo das Neves e outros artistas contratados da Casa Edison, muito provavelmente pela mesma época em que João do Rio desenhava com estilo cheio de colorido o ambiente das casas de chope, é o próprio som dos chopes-berrantes que ressurge maravilhosamente, anunciado pela voz que abre a cena cômica dizendo: "Espetáculo em um café-concerto da Rua do Lavradio. Arranjo para a Casa Edison, Rio de Janeiro".

A primeira voz que se ouve é a do garçom gritando para a copa, no sonoro tom de comando que constituía um dos encantos da música urbana dos velhos cafés: "Olha um chope à direita... Uma mulher bonita...".

E, logo a seguir, outra voz anuncia: "Vai cantar agora o primeiro barítono do mundo. O Sr. Lagartixa, que acaba de chegar de Sacra Família do Tinguá neste momento".

Novamente o garçom se faz ouvir sua com voz cantante — "Uma garrafa de cerveja Munchen, sem gelo!..." — e, em meio ao som de uma campânula e de gritos de "bravo, bravos ao ba-

---

[12] João do Rio, *Cinematógrafo*, p. 133.

rítono, bravo!", o artista começa agradecendo — "Obrigado, obrigado meu povo, obrigado!" —, mas mal chega, logo depois, a cantar a primeira quadra da canção, porque um vozerio de desagrado se levanta, e um freguês mais exaltado brada: "É isso o tal barítono? Ah! É esse que é o tal barítono? Que veio de tão longe... lá de Sacra Família do Tinguá? Não presta não, moço... Tem paciência...".

O responsável pelo programa tenta recompor a situação anunciando novos números ("outro barítono que veio também de Sacra Família do Tinguá, mas este é um pouco melhor..."), mas o clima de confusão e de protestos continua, até um final à base de gritaria e apitos do guarda-civil, que entra para restabelecer a ordem no recinto.[13]

A existência de distúrbios — naturais, por sinal, em concentrações de público atraído apenas pela euforia certa das bebidas e a promessa mais duvidosa de conquistas femininas — devia ser muito comum nos chopes-berrantes, pois além do aproveitamento do tema para a gravação de cenas cômicas em disco, chamava a atenção igualmente da crônica jornalística. Em descrição de uma noite festiva em uma dessas casas de chope, um redator anônimo do "Suplemento Literário" do jornal carioca *Gazeta de Notícias*, após referir-se em inícios de 1910 a "um pequeno bate-boca entre uma caixeira de avental vermelho e um empregado da copa", reforçava essa característica não muito ordeira daquele tipo de ambiente descrevendo:

---

[13] Além desse disco "Em um café-concerto", que figura hoje no Acervo Tinhorão do IMS, em São Paulo, o autor tem conhecimento, através de catálogo da Casa A Electrica, de Porto Alegre, de um "arranjo cômico com artistas da Casa Elétrica" sobre o mesmo tema intitulado "Desordem num café-cantante", gravado em Disco Gaúcho nº 730. Tal título sugere constituir essa gravação variante de outro disco anteriormente lançado no Rio de Janeiro (c. 1912) pela gravadora Columbia sob o título "Chinfrin em uma casa de chope" (Columbia 11.701), relançado com o nome modificado de "Chinfrin de uma casa de chope" (Columbia B-38).

"Nesse momento, após a apresentação de um cançonetista, um escândalo havido entre um militar e um homem do povo estabeleceu uma confusão: mulheres que corriam em direção à porta, o barulho das mesas que viravam com os encontros, garrafas e copos que se quebravam sobre o azulejo, apitos de todos os pontos. E as portas do estabelecimento fecharam-se".[14]

Apesar das raras informações existentes sobre a vida popular de outras grandes cidades brasileiras, sabe-se que esses cafés-cantantes e chopes-berrantes chegaram a constituir um fenômeno brasileiro nos primeiros anos do século XX.

Num exemplo da importância nacional adquirida pelos principais artistas populares do Rio de Janeiro, uma notinha publicada na seção "Bastidores", do jornal humorístico *O Rio Nu*, de 3 de setembro de 1902, revela que o cançonetista Geraldo Magalhães viajou naquele ano, sob contrato, para inaugurar um café-concerto na cidade de Santos:

"Veio despedir-se desta redação" — dizia a nota reveladora — "por ter de partir para Santos, como partiu, o engraçado tenor e preclaro cidadão Geraldo de Magalhães, uma das glórias do gênero, nesta terra de fumo em rolo e café em grão".

E acrescentava, levando ainda adiante o jogo de palavras que consistia em chamar de *preclaro* o mulato Geraldo: "Em sua companhia, mas por conta de outro, já se vê, seguiram algumas francesas, que vão inaugurar um café-concerto naquela cidade".

No Rio Grande do Sul, conforme revelaram as pesquisas de Atos Damasceno para o seu livro *Palco, salão e picadeiro*, a

---

[14] Crônica sem assinatura, "Suplemento Literário" do jornal *Gazeta de Notícias*, Rio de Janeiro, 13 de janeiro de 1910, pp. 3-4

"macaqueação dos *cafés-cantantes*, de larga cotação em Paris, e por nós macaqueados desde o tempo dos teatrinhos de saguão de hotel, com seus conjuntos alcazarinos...", não chegou a constituir uma instituição durável, mas em meados de 1900 teve, durante dois meses pelo menos, uma casa cheia: o Odeon Variedades, do empresário Marcelino Dias Herrera:

"A sua inauguração" — conta Atos Damasceno — "foi um sucesso em toda a linha. O *popular* e *querido* ator Manuel Ponte, trazendo de Montevidéu um bem ensaiado grupo de artistas ligeiros, se encarrega de dar início às atividades do Odeon. E apresenta ao assanhado e impaciente público porto-alegrense um autêntico... *ramalhete de rosas* — senhorita Sánchez, senhoritas Carmensita e Angelita Tezeda, senhorita Diamantina e senhora González — a que se juntam três *cravos* — o próprio Ponte, ator Sánchez e o cançonetista Girandur d'Ortoli... A esse ramalhete virão associar-se mais tarde a triple Maria Salinas, a cantora Elvira Delamare, a dançarina Pepita Avellaneda, a cançonetista parisiense Mlle. Lídia e, ao cabo, o apreciado Gadanho — lacrimejador de modinhas ao violão...".[15]

Uma briga entre os frequentadores, em pleno salão, força o empresário Herrera a encerrar na rua dos Andradas a carreira mal começada do Odeon porto-alegrense, privando os gaúchos do gozo "das pequenas zarzuelas, das cançonetas saltitantes, dos sainetes apimentados" e, naturalmente, das "lacrimejantes" mo-

---

[15] Atos Damasceno Ferreira, *Palco, salão e picadeiro em Porto Alegre no século XIX*, Porto Alegre, Globo, 1956, p. 330. O cantor de modinhas ao violão Gadanho era, na verdade, o palhaço Francisco Rosa, conhecido como Gadanha desde a virada do século XIX para o XX.

dinhas com que o "apreciado Gadanho" contribuía para conferir um toque nacional a tão cosmopolita repertório.

Aliás, em Manaus, capital do estado do Amazonas, uma briga ocorrida em 1910 entre frequentadores do Teatro Julieta, "anunciado como o mais importante centro de diversões da capital", levou o chefe de polícia da cidade, Martinho de Luna, a proibir as cançonetas nos teatros da cidade naquele ano.[16]

Em Pernambuco, ao que dá a entender Guilherme de Araújo numa pequena crônica de memórias recifenses publicada no volume XL da *Revista do Instituto Arqueológico, Histórico e Geográfico Pernambucano*, o equivalente dos chopes-berrantes cariocas funcionou em cafés frequentados por jovens das grandes famílias e por valentões, os mesmos que, abrindo caminho com passos de capoeiragem para as muitas bandas de música do Recife, desde meados do século XIX, acabariam fazendo nascer o passo do frevo: "Como eram diferentes os cafés existentes naqueles tempos!", lembra o memorialista sobre o "Recife dos primeiros anos do século XX... dos pastoris e dos maxixes", e acrescenta: "Ao fundo do salão, lá estava o piano. Um trio composto do velho piano, flauta e clarinete executava um repertório variado, no qual as polcas tinham o seu lugar de destaque".[17]

Quando esses tipos de salão permitiam danças, o equivalente recifense dos cafés-cantantes e das casas de chope cariocas chamava-se *maxixe*, e servia de ponto de reunião de rapazes boêmios e *brabos* conhecidos por *espantalhos*, "classe de gente", no dizer de Guilherme de Araújo, "poderosa e educada, desviada para as farras noturnas e cenas tristes, com desgostos profundos

---

[16] A notícia da proibição foi publicada em um jornal carioca, e com base nesse telegrama enviado de Manaus o jornalista Jota Efegê publicou no jornal *O Globo*, de 8 de maio de 1973, um artigo intitulado "Proibidas as cançonetas nos teatros de Manaus".

[17] Guilherme de Araújo, "Capoeira e valentões do Recife", *Revista do Instituto Arqueológico, Histórico e Geográfico Pernambucano*, vol XL, nº 145, Recife, 1946, p. 118.

para a família e afronta à sociedade e ao meio em que viviam, chegando muitas vezes ao crime".[18]

Em todo o Brasil a era dos cafés-cantantes, dos chopes e dos maxixes, iniciada com o novo século, não durou mais de vinte anos. Ao escrever em seu livro de 1909 a crônica que valia por um necrológio antecipado dos chopes cariocas, João do Rio, após escrever que seu pensamento se voltava nostalgicamente para o "fim de todos os números sensacionais dos defuntos cabarés", perguntava comovidamente: "Onde se perde a esta hora o turbilhão das cançonetistas e dos modinheiros?".

O cronista não sabia então responder, mas o tempo se encarregaria de mostrar onde estavam: descobertos artisticamente pelos pretensiosos cafés-cantantes e pelas humildes casas de chope, os trovadores do povo estavam passando sem alarde para os palcos do teatro de revista, onde haviam de brilhar daí em diante exibindo o seu talento para as primeiras gerações de *famílias* da classe média, afinal libertadas pelo advento da estrutura industrial dos velhos preconceitos patriarcais que faziam das diversões em público um privilégio masculino.

---

[18] Guilherme de Araújo, *op. cit.*, p. 122.

10.
OS PALCOS DO PASSEIO PÚBLICO E DA GUARDA VELHA

Estágio intermediário entre os salões dos cafés-concerto e os picadeiros dos circos, o teatrinho do Passeio Público constituiu nos primeiros anos de século XX, no Rio de Janeiro, um dos mais importantes pontos de diversão noturna da cidade, apresentando espetáculos de música popular acessíveis ao gosto artístico das grandes camadas da então capital brasileira.

Construído de madeira, no rendilhado estilo dos quiosques comerciais armados pelas esquinas do Rio de Janeiro desde fins do século anterior, o teatro improvisado do Passeio Público era constituído de dois grandes salões geminados, erguidos sobre um palco arredondado, suspenso cerca de meio metro do chão, tendo o salão da esquerda uma janela para espetáculos de marionetes, enquanto o da direita, inteiramente aberto, abrigava apenas um plano, permitindo a entrada dos artistas por uma porta situada aos fundos.

Segundo Humberto M. Franceschi no primeiro volume de seu livro *A Casa Edison e seu tempo*, a construção do palquinho deveu-se à intenção de atrair público para a venda de cerveja, ao unir "os interesses de Paschoal Segretto [empresário da área de diversões públicas] e a investida agressiva da recém-fundada Companhia Cervejaria Brahma que, em troca de fornecer a instalação, exigia consumo exclusivo de seus produtos".[1]

---

[1] Humberto M. Franceschi, *A Casa Edison e seu tempo*, Rio de Janeiro, Centro Petrobras de Referência da Música Brasileira (edição fora do mercado), s.d. [2002], p. 159.

Embora sempre sem citar a fonte de suas informações, acrescenta o mesmo autor que tudo teria partido "do arrendamento feito em 1903 pelo prefeito Pereira Passos ao português Arnaldo Gomes de Souza, manipulador de bonecos, que nele montou seu teatrinho e, ao lado, um bar".[2]

Pois se assim foi, o surgimento (e talvez a construção, ao lado do teatrinho de bonecos) do anexo montado sobre o palco, à sombra das árvores, de costas para a rua do Passeio, terá acontecido em 1904, quando a associação dos fabricantes cervejeiros Georg Muschke, detentor da marca Brahma, e a Preuis Hausler, da marca Teotonia, levou à criação da poderosa Companhia Cervejaria Brahma.[3] E, de fato, na única fotografia hoje conhecida dos primeiros anos desse palco do Passeio Público, pode-se ler no pano de boca do teatrinho de bonecos os dizeres: "Ainda e sempre a melhor cerveja Bock-Ale", com o nome comercial do fabricante (quase inteiramente oculto na foto) aparecendo na última palavra passível de leitura, no canto inferior esquerdo da cortina: Brahma.

Nesse palquinho armado naquele recanto do jardim, cançonetistas populares como Os Geraldos — dupla formada pelo mulato Geraldo sucessivamente com a espanhola Margarita, a gaúcha Nina Teixeira, com quem excursionou a Portugal em 1909, e a portuguesa Alda Soares —, além de cantores e violonistas como Eduardo das Neves e Baiano, atores como Alfredo Albuquerque, Peixoto, Machado Careca e Leonardo, e vedetes como a maxixante Bugrinha, apresentaram-se em público predominantemente masculino cantando em meio ao vozerio das conversas e ao tinir dos copos e garrafas de Bock-Ale — "ainda e sempre a melhor cerveja" — números de picante inspiração francesa, como o famoso "Pelo buraco":

---

[2] Humberto M. Franceschi, *op. cit.*, p. 159.

[3] Informação de Sérgio de Paula Santos, in *Os primórdios da cerveja no Brasil*, São Paulo, Ateliê Editorial, 2004.

"Fiz um buraco no soalho
Para espreitar certa vizinha
Uma formosa casadinha
Travessa e viva como um alho...
Fui abelhudo, fui ousado,
Mas muita gente tem seu fraco
Mil coisas vi de meu agrado,
Mil coisas vi de meu agrado

Pelo buraco...

Quando a pequena, ao vir da rua,
De bom passeio fatigada,
Tirou a capa perfumada
Deixando a espádua seminua
No isolamento confiando
Livrou-se ainda do casaco
Eu contemplava suspirando
Eu contemplava suspirando

Pelo buraco...

Mas que tremendo desconsolo
Nesse momento entra o marido
Um rapagão forte e nutrido
Embora fosse um pouco tolo.
Disse-lhe coisas em segredo,
Fez-lhe momices de macaco...
Enquanto eu chupava o dedo
Enquanto eu chupava o dedo

Pelo buraco...

Ela enlanguesce de ternura,
O peito a arfar e ansioso

Espreito então mais cuidadoso
A minha vista mais se apura
E de repente estala um beijo,
Mas o marido, que é velhaco,
Apaga a vela, e mais não vejo,
Apaga a vela, e mais não vejo,

Pelo buraco...

Dias depois desse tormento
Minha paixão foi compensada,
Sabendo a bela que era amada
Cedeu-me entrada no aposento,
Entre as carícias que espreitara
Da nossa prosa dei cavaco,
Contando as cenas que bispara,
Contando as cenas que bispara

Pelo buraco...".

O sucesso dessa cançoneta — que ainda hoje pode ser ouvida no disco Odeon nº 108.834, da Casa Edison, gravado em inícios da segunda década do século XX por Eduardo das Neves — chegou a ser documentado por um memorialista da vida do Rio de Janeiro, o português Adelino J. Pais, que escreveu, ao lembrar o ambiente do Passeio Público:

> "À noite, em uma espécie de café-concerto cercado por grades de tela, vinha o povo deliciar-se com a voz de Eduardo das Neves; a canção predileta era o 'Pelo buraco', não havia cadeiras para os pilantras, para servirem-se de cerveja e tremoços sem mais despesas".[4]

---

[4] Adelino J. Pais, *O Rio no verdor dos meus anos*, p. 49.

Além dessas cançonetas acompanhadas pelo martelado do piano, Eduardo das Neves e Baiano, principalmente, faziam ouvir também lundus e modinhas ao som de seus violões, e já no correr da segunda década do mesmo século ainda era possível ver surgir ocasionalmente sobre o palco um conjunto de piano, contrabaixo, flauta, violino e bateria.

Os artistas que se exibiam no Passeio Público tanto podiam ser representantes da mais pura tradição popular, a exemplo de Eduardo das Neves (que fora palhaço de circo até o fim do século XIX), como artistas de teatro em decadência, como seria o caso do famoso comediante Leonardo, que o revistógrafo Luís Peixoto ainda viu apresentar-se por volta de 1915, pobre e envelhecido, exibindo sobre o palquinho sombrio os restos de sua arte, ante a indiferença do público que não chegara a conhecê-lo em seus dias de glória.[5]

Ao lado desses artistas e cantores ligados ao teatro, ao circo, aos cabarés e cafés-cantantes, o teatrinho do Passeio Público formava também ídolos próprios para o seu público de empregados do comércio, pequenos burocratas e desempregados. Segundo o antigo violonista funcionário da Casa Edison, Carlos Vasques, o Nozinho (cuja voz se tornaria conhecida anunciando os números gravados com a frase "disco da Casa Edison, Rio de Janeiro"), um dos mais constantes componentes das "serenatas com violões e cantorias" que se realizavam na casa do escrivão Manuel Joaquim, no bairro de Santa Teresa, era um artista popular conhecido por Jorge do Passeio Público.[6]

---

[5] O ator Leonardo, nascido em 1859, morreu em São Paulo em 1917, completamente esquecido. Desse ator-cantor José Gonçalves Leonardo, o homem de teatro Olavo de Barros salvaria para a posteridade, em seu livrinho *A Lapa do meu tempo (1909-1914)* esta genial observação filosófica: "Não conheço lugar onde aconteça tanta coisa como neste mundo".

[6] Entrevista a Brício de Abreu, publicada sob o título "Grandezas e miséria do violão. A história do 'pinho'" no jornal *Diário da Noite*, Rio de Janeiro, 30 de agosto de 1957.

A exibição dos artistas no palquinho não obedecia a qualquer programação, mas, na rua, um cartaz encostado ao portão de entrada do Passeio Público anunciava sempre aos passantes pelos menos a presença do artista principal da noite: "Hoje, grande apresentação do popular Eduardo das Neves".

No julgamento geral dos contemporâneos, o cantor-compositor Eduardo das Neves (1871-1919) era, realmente, o mais popular e de mais longa carreira como cançonetista daquele palquinho ao ar livre. Segundo o memorialista do teatro musicado e da vida boêmia carioca Olavo de Barros (1892-1978), cujas lembranças remontavam ao fim da primeira década do século XX, já pelos inícios do "teatrinho do Passeio Público, um teatrinho ao ar livre, onde se podia comer, beber e conversar em voz alta durante as apresentações dos seus espetáculos", a grande atração era Eduardo das Neves:

> "Outro artista de sucesso no Passeio Público era o Eduardo das Neves, palhaço de circo, bom tocador de violão, autor da marcha mais cantada e mais assobiada no começo deste século:
> A Europa curvou-se ante o Brasil
> E aclamou parabéns em meigo tom...
> Brilhou lá no céu mais uma estrela
> E apareceu Santos Dumont!...".[7]

Era o mesmo artista que, ainda em 1918, às vésperas de sua

---

[7] Olavo de Barros, *A Lapa do meu tempo (1909-1914)*, Rio de Janeiro, Pongetti, 1968, p. 64. Os versos eram da canção "A conquista do ar", indicada na partitura para piano como "Cântico ao arrojado aeronauta Santos Dumont, a glória do Brasil". Foram compostos realmente, música e versos, ao despontar do século XX, por Eduardo das Neves, para festejar a conquista do Prêmio Deutsch pelo inventor brasileiro Alberto Santos Dumont, ao contornar a Torre Eiffel, em Paris, pilotando seu balão dirigível em 19 de outubro de 1901.

morte, o cronista Alberto Deodato ouviria a cantar a mesma música, sem perder a condição de astro popular:

> "A grande atração daquelas noites do Passeio era um homem. Eduardo das Neves. Eu trazia do Norte [Alberto Deodato era baiano] os versos da sua canção que fez furor no princípio do século. E, naquela noite, ouvi-o, velho e paupérrimo, no mais modesto café-concerto do mundo, abrindo a boca com o violão esmagado ao peito:
> 'A Europa curvou-se ante o Brasil,
> E aclamou parabéns em meigo tom.
> Rompendo lá no céu mais uma estrela,
> Apareceu, apareceu Santos Dumont...'
> E escancarando ainda mais a boca, ante a assistência exaltada de patriotismo, o poeta-cantor preto terminava:
> 'Salve o Brasil, terra adorada,
> A mais falada do mundo inteiro!
> Guardai seus filhos lá nas alturas,
> Tanta bravura de um brasileiro'".[8]

Depois das sete horas da noite, quando o comércio começava a fechar as portas, e as últimas famílias haviam tomado o bonde de volta aos bairros, começavam a convergir para o Passeio Público os que não tinham dinheiro para gozar da malícia europeia das francesas do Alcazar Parque (o café-cantante situado próximo, em frente ao largo da Lapa), mas que, pelo preço de

---

[8] Alberto Deodato, *Roteiro da Lapa... e outros roteiros*, Belo Horizonte, Itatiaia, 1960, p. 21. O autor esclarecia ainda que, pelo final da Primeira Grande Guerra, apesar da devastadora epidemia da chamada gripe espanhola, o teatrinho do Passeio Público continuava a funcionar: "À noite, os boêmios da cidade, à falta de mais dinheiro, iam ouvir o café-concerto. O chope era de duzentos réis. Sanduíche de salame a tostão" (p. 20).

uma cerveja, podiam dar boas risadas ouvindo, à sombra das árvores, o mulato Geraldo Magalhães e sua parceira Nina cantarem, com toda a rasteira picardia nacional, o *dueto alegre* do "Cozinheiro e a patroa":

> "GERALDO (cantando)
> Sou cozinheiro de espavento
> Forno e fogão tudo eu aguento
> Ninguém me ganha nesse serviço
> Sou cozinheiro de feitiço
> E se a madama, que é beleza,
> Vai na cozinha perguntar
> Eu lhe respondo com firmeza
> Tudo está pronto é só jantar.
>
> GERALDO (falando)
> Ah! Ah! Com o degas é assim. Ponho o quitute na panela e abro logo o apetite da madama. E sem dar liberdade comigo. Não gosto de patroa que coma pouco. Comigo não tem disso. Tem que comer e lamber os beiços. E pedir mais. E é por isso que eu levo a vida a cantar...
>
> GERALDO (cantando)
> Ah!, como é bom ser cozinheiro
> E andar sempre a folgar
> Ter a gente muito dinheiro
> Sempre para cantar.
>
> NINA (cantando)
> Escuta cá o rapazola
> Hoje me deu cá na cachola
> Ter um jantar que leve nata
> E dobradinhas com batata
> Você que é bom nos seus cuidados

Vá preparar-me de antemão
Uns camarões apimentados
Bem ensopados com pirão.

GERALDO (falando)
Bonito! Então a patroa hoje quer peixe. Eu tenho aí uma tainha que está mesmo regalo, patroa.

NINA (falando)
E bagre? Você não tem bagre?

GERALDO (falando)
Não senhora. Bagre não tenho. Mas a patroa podia levar a tainha...

NINA (falando)
Ah! Mas eu gosto tanto de bagre...

GERALDO (falando)
Ah! Mas se a patroa visse a tainha...

NINA (falando)
É grande, hem? É grande?

GERALDO (falando)
É grande, sim. É de quatro palmos e uma terça, fora o rabo e cabeça.

NINA (falando)
Chi! Há de ser gostosa. Eu quero em postas.

GERALDO (falando)
Quer o rabo ou a cabeça?

NINA (falando)

Não, eu quero... a posta do centro. O rabo eu dou pra você.

GERALDO (falando)
Ah! Muito obrigado patroa... ai...

GERALDO e NINA (cantando)
Ai a pimenta-malagueta
Que aumenta logo o ardor
Já estou vendo a coisa preta
Numa questão de amor.

GERALDO (cantando)
Para quem sofre paixonite
E sente falta de apetite
Desse programa eu já não saio
Não há comida como o paio.
Ponho à panela o meu guisado
E bato os ovos com furor.
Sai um quitute apimentado
Que o paio dá grande sabor.

GERALDO (falando)
Pois é isso, patroa. Para quem tem falta de apetite não há como um bom paio.

NINA (falando)
Sim. Paio com ovos, não?

GERALDO (falando)
A patroa come quando quiser.

NINA (falando)
Não me cheira, não. Isso é comida muito comum. Toda a gente aqui em casa come.

GERALDO (falando)
Oh! Como é que a senhora sabe?

NINA (falando)
Eu hoje quero um pratinho especial. Oh! lá lá... Você que veio de Paris não sabe fazer um pratinho à francesa, não?

GERALDO (falando)
Hum! Hum! Patroa, patroa!... O que a senhora quer é um omelete...

NINA (falando)
É isso mesmo!...".

Nina Teixeira, quebrando as ancas sobre o palco com um vestido de barra atrevidamente erguida até o meio da canela, exibia-se nessas cançonetas usando chapelões ornados de enormes laços; Geraldo Magalhães, de luvas brancas e casaca, cumprimentava o público no melhor estilo do *vaudeville*, sacando da cabeça com gesto gracioso uma reluzente cartola trazida de Paris.[9] Eduardo das Neves, mais bizarramente ainda do que Geraldo, cantava vestido com uma casaca azul e usava um monóculo preso à ponta de uma fita que lhe dava voltas ao pescoço.

Esses números de variedades ao ar livre iam ser entremeados durante certo tempo, já pela metade da primeira década do século XX, com exibições de filmes curtos, novidade que a tecnologia lançava com grande sucesso no campo das diversões de massa. Em uma tela de pano armada sobre o palco do Passeio Público pelo exibidor Arnaldo de Souza, pequenas comédias eram

---

[9] Segundo pesquisas do jornalista Jota Efegê, Geraldo Magalhães realizou uma excursão à Europa com Nina Teixeira no início de 1909, apresentando-se em Portugal, e voltando no mês de abril.

projetadas nos intervalos dos números ao vivo, prenunciando a era dos cineteatros, que se iniciaria dez anos depois com os chamados "espetáculos de palco e tela".[10]

Essa ideia de atrair público para os jardins da cidade com a oferta de refrescos e bebidas não era nova no Rio de Janeiro, e o próprio Passeio Público servia de exemplo. Desde antes da reforma do jardim pelo engenheiro e botânico-paisagista francês Auguste François Glaziou, em fins de 1862, existia próximo ao amplo terraço fronteiro ao mar, que servia de mirante, um pequeno bar-restaurante (ao tempo chamado de botequim) que servia os clientes em mesas espalhadas à sombra das árvores. Esse primitivo bar do Passeio Público, ainda sem a atração de espetáculos artísticos, aparece em litografia documental de P. Bertichen publicada em 1856.[11]

Segundo o professor José Mariano Filho em sua monografia *O Passeio Público do Rio de Janeiro*, com a reforma do jardim por Auguste Glaziou em 1862, a construção de alvenaria mostrada por Bertichen teria sido substituída "por amplo pavilhão de estrutura metálica, por trás do qual funcionou durante longos anos uma espécie de *buffet* e cozinha".[12]

---

[10] O histórico dessas relações entre o teatro e o cinema pode ser encontrado no livro do autor, *Música popular: teatro & cinema*, Petrópolis, Vozes, 1972.

[11] A gravura de P. Bertichen é reproduzida em cores por Gilberto Ferrez no "Calendário 1977" por ele organizado para a Gráfica Danúbio sob os dizeres: "Rio de Janeiro e seus arrabaldes. Litografias de P. Bertichen. Publicadas em 1856".

[12] José Mariano da Cunha (Filho), *O Passeio Público do Rio de Janeiro*, Rio de Janeiro, 1943, p. 41. Apesar de geralmente bem informado, o autor incorre em engano ao acrescentar na nota de rodapé da página 41 de seu livro: "Nesse pavilhão de estrutura metálica funcionou durante os primeiros anos da República uma espécie de café-concerto de baixa categoria". Trata-se de evidente confusão com o palquinho só armado no Passeio Público no século XX, em outro ponto do jardim, próximo da rua do Passeio, altura da rua Senador Dantas. Tal como comprova Adolfo Morales de Los

A iniciativa de acrescentar diversão a esses locais de sociabilidade citadina encontraria, por sinal, a oposição dos mais conservadores, como seria o caso do memorialista Ferreira da Rosa, que em seu livrinho *Excursões escolares ou narrativas infantis histórico-topográficas da cidade do Rio de Janeiro* faria o professor (seu evidente *alter ego*) dizer a seus alunos, durante visita coletiva ao Passeio Público de 1898:

> "Disse-nos o Professor que o Passeio era a princípio muito diferente do que é hoje [fins do século XIX]; além da civilização haver introduzido outros hábitos no povo que ali somente vai ouvir a música do botequim ou gozar do panorama que se oferece do terraço, a ornamentação e disposições do jardim sofreram durante o século decorrido muitíssimas alterações".[13]

Esse clima de bucólica intimidade entre o povo e os seus artistas todas as noites à volta do palquinho redondo armado sob o arvoredo do jardim público, permitiu uma integração absoluta entre os cantores e o público até pelo menos a década de 1920, quando o aparecimento de novas camadas urbanas, marcando o advento de novo quadro socioeconômico, anuncia o fim dos pe-

---

Rios Filho ao citar os teatros cariocas de seu tempo no ensaio "O Rio de Janeiro da Primeira República (1889-1930)", no volume 273 da *Revista do Instituto Histórico e Geográfico Brasileiro* (IHGB), Rio de Janeiro, out.-dez. 1966: "Assim, o [teatro] do Passeio Público, vulgarmente chamado Bar do Passeio Público, estava situado à esquerda da entrada daquele parque" [portão fronteiro à atual rua das Marrecas]. O mesmo engano é repetido pelo autor carioca Jorge Andrade em seu livro de ficção-histórica *Passeio Público: a paixão de um vice-rei* (Rio de Janeiro, Litteris Editora, 1999), que não cita o trabalho de José Mariano da Cunha Filho entre "os livros que me foram de grande ajuda", embora o tenha certamente consultado.

[13] Ferreira da Rosa, *Excursões escolares ou narrativas infantis histórico-topográficas da cidade do Rio de Janeiro*, Capital Federal [Rio de Janeiro], Livraria de J. G. de Azevedo & C. Editores, 1898, p. 15.

quenos centros de diversão (casas de chope, cafés-cantantes e o próprio teatrinho do Passeio Público), em favor dos grandes teatros e cinemas.

Enquanto isso não se deu, porém, o palco do Passeio Público só encontraria realmente rival — em termos de centro de diversão aberto ao povo em grandes ambientes — no teatrinho da Guarda Velha.

Situado no vasto terreno arborizado do largo da Carioca (que a abertura da rua Senador Dantas viria a dividir em duas seções, "uma fronteira à outra, uma do lado do atual Liceu Literário Português, a segunda, atualmente *garage*, na encosta do morro de Santo Antonio, distribuída em dois planos", como descreveria em 1929 o memorialista Escragnolle Doria),[14] o Jardim da Guarda Velha existia desde 1882.

O nome vinha de o terreno ser vizinho do antigo posto de guarda da rua, que por isso era chamada de rua da Guarda Velha (a futura 13 de Maio). O posto policial fora criado ali para disciplinar a área de conflitos do chafariz da Carioca, onde eram comuns as brigas entre escravos e carregadores de água que se abasteciam dos canos a jorrar do chafariz.

Passado ao local o nome popular de Guarda Velha, dele se serviria também a Fábrica de Cerveja Guarda Velha, da Viúva Gabel & Cia., sucessora das Cervejas Gabel, de 1850. Além de promover a construção do jardim, a viúva Gabel providenciaria a instalação, junto à fábrica, de salões "onde as sociedades re-

---

[14] Escragnolle Doria, "O Jardim da Guarda Velha", *Revista da Semana*, Rio de Janeiro, 25 de maio de 1929. Nessa divisão em duas seções, a mudança da cervejaria para o terreno fronteiro ao primitivo (que no largo da Carioca começava na esquina da rua da Guarda Velha, futura 13 de Maio) deu-se em 3 de fevereiro de 1900, sob o novo nome Grande Café Cantante Jardim da Guarda Velha. Segundo o cronista-memorialista Jota Efegê em seu artigo "Na Cervejaria Guarda Velha cantava-se, dançava-se, e (óbvio) bebia-se cerveja" (*O Jornal*, 28 de março de 1968), a empresa tentou em 1906 mudar novamente o nome para Teatro Jardim Novidades, mas sem sucesso: para o público o local ficou sendo sempre o Jardim da Guarda Velha.

creativas costumavam realizar bailes populares" — conforme informação de Escragnolle Doria[15] — e ainda diversos caramanchões, sob os quais se espalhavam mesas com bancos. E era ali que os bebedores da cerveja Guarda Velha podiam gozar aos domingos — "uns loquazes, outros taciturnos, olhos fixos na espuma", como anotava o cronista — a alegre música de uma banda custeada pela empresa cervejeira "mais conhecida do Império".

Nada mais natural, pois, que logo se tornasse necessário construir algum palanque ou pequeno palco para a apresentação de artistas populares do teatro musicado, não sem alguma ressonância de escândalo (mas também de muita curiosidade) por parte das famílias cariocas ainda sujeitas à rígida tradição moralista da sociedade patriarcal.

Segundo lembranças do revistógrafo Luís Peixoto, que recuavam a antes da Primeira Guerra Mundial, o pavilhão da Guarda Velha dava fundos para um terreno baldio (restos do antigo morro de Santo Antonio), e como muitos maridos temiam ser vistos sentados diante dos copos de cerveja naquele ambiente frequentado pelas artistas de vida livre e mulheres de má reputação, além dos frequentadores normais havia ainda um segundo público: o dos pais de família que compareciam às escondidas das esposas, e ficavam assistindo aos espetáculos por cima do muro existente nos fundos. Luís Peixoto, por sinal, garantia que o ambiente e os próprios espetáculos, excetuada a natural malícia das cançonetas, em nada arranhavam a moral mediana, só se explicando a má impressão das senhoras pelo tabu patriarcal que as impedia de frequentar esses locais de diversão pública.[16]

A julgar pelas *Memórias* do crítico literário Agripino Grieco, ao relembrar no capítulo "Atores" o ambiente teatral do Rio de 1910, os próprios intelectuais não desdenhavam das alegrias

---

[15] Escragnolle Doria, *op. cit.*

[16] Entrevista concedida ao autor por Luís Peixoto em sua residência, no Rio de Janeiro, no dia 1º de outubro de 1972.

da Guarda Velha, certamente por serem as mais baratas, numa época em que os escritores, os poetas e os artistas em geral formavam uma espécie de confraria de subempregados, vivendo em condições de pobreza disfarçada:

> "Um recanto do Rio que, ferido ou não pela maledicência, eu sempre admirei" — escrevia Agripino Grieco — "foi a chamada Guarda Velha, onde tínhamos, em troca de tostões, trechos de opereta, uma fita de Max Linder, as canções de uma Abdel-Kader não sei se árabe ou mineira, refresco e, derredor, algumas das mais belas árvores do Brasil...".[17]

O sucesso da Guarda Velha como centro de diversão eminentemente popular, remontando a fins do século XIX, antecipava-se assim ao teatrinho do Passeio Público, e já em 1899, quando estreia na praça Tiradentes a revista *Gravoche*, de Artur Azevedo, um dos números de maior sucesso do primeiro ato seria o "Maxixe da Guarda Velha", música do maestro Nicolino Milano, sobre a qual o revistógrafo-letrista autor da peça montara os versos que valiam por um retrato da importância do jardim:

> "Eu não sou d'espalhafato,
> Eu não sou d'imposturia,
> Não me falta freguesia,
> E o meu chope é o mais barato.

---

[17] Agripino Grieco, *Memórias*, Rio de Janeiro, Editora Conquista, 1972, vol. 2, p. 176. Agripino, aliás, também era frequentador do teatrinho do Passeio Público, para onde se dirigia após ler até as nove horas da noite na Biblioteca Nacional (então no prédio da depois Escola Nacional de Música, na rua do Passeio). Na Guarda Velha, onde segundo Agripino Grieco informa genericamente as atrações eram "em troca de tostões", o cronista Escragnolle Doria esclarecia em seu artigo "O jardim da Guarda Velha" (*Revista da Semana*, 25 de maio de 1929) que a cerveja preta ou branca era vendida "a duzentos réis a garrafa".

Se vocês me olham d'esguelha,
Esse olhar não me acovarda:
No Jardim da Guarda Velha
Tenho a minha Velha Guarda.

Toda a noite em quantidade,
Se acham lá velhos e moços,
Que vão abrindo à vontade
Com punhados de tremoços.

E quando o freguês se entope
Tais tremoços a engolir
Pede sempre mais um chope
Para se desentupir".

Situado, assim, tal como o teatrinho do Passeio Público, num recanto pitoresco — "as mesinhas, dispostas nos vários planos do terreno arborizado, ficavam meio veladas pelas copas acolhedoras das amendoeiras decorativas", conforme descrição da pesquisadora Marisa Lira —, a casa de chope e espetáculos da Guarda Velha chegou a apresentar artistas de teatro famosos da época, como a dançarina de maxixes Maria Lino, amante do ator e parceiro Machado Careca. Uma indicação da presença dessa futura companheira do bailarino Duque no palco da Guarda Velha é fornecida em 1903 pela revista humorística carioca *O Rio Nu*, ao anunciar numa quadrinha em que focalizava a figura de Maria Lino:

"Simpática e inteligente,
Tem do talento a centelha,
Fez sucesso, ultimamente,
Na *Maison* e Guarda Velha".

A *Maison* referida no último verso era o café-cantante Maison Moderne, de propriedade do empresário Paschoal Segretto, e que ficava situada na esquina da atual rua Pedro I, na praça Tiradentes, então o maior centro de diversões noturnas do Rio de Janeiro.

Nessa *Maison*, "que de moderna só tem o nome" — no dizer irreverente do jornalzinho *O Rio Nu* —, a atração máxima no início do século era a famosa dançarina de maxixe e cantora Bugrinha, que jamais chegaria a grande estrela, apesar do belo físico, mas faria toda a carreira exibindo-se nos palcos mais populares, inclusive no da fronteiriça cidade de Niterói, capital do estado do Rio de Janeiro, "à razão de três patacas por noite".[18]

Foi, pois, nesses palcos dirigidos às camadas mais baixas da então capital brasileira, e graças a esses artistas, cujo repertório e habilidades os levava ao desempenho de um papel limitado ao gosto exclusivamente popular, que as primeiras gerações da baixa classe média da era pré-industrial puderam ajudar na criação de um curioso compartimento de cultura urbana. Uma cultura situada a meio caminho entre a cultura realmente popular (mais espontânea, por ser herdeira direta de tradições rurais trazidas pelos migrantes das províncias, atraídos pelas oportunidades de trabalho) e a importada do exterior, para consumo dos eufóricos imitadores da alegre irresponsabilidade burguesa, anterior ao desencanto provocado pela grande crise que culminaria na Primeira Guerra Mundial.

---

[18] Informação colhida em notinha de mexericos da vida noturna e teatral do jornal humorístico *O Rio Nu*, nº 477, de 21 de janeiro de 1903. No número 13, ano II, da revista *Fon-Fon!*, de julho de 1908, Bugrinha aparece em boa foto, vestida de homem, chapelão de aba larga levantada, lenço para fora do bolso do paletó. Na legenda, "Bugrinha, cançonetista brasileira do maxixe, como é conhecida". Sobre essa dançarina e cantora, o jornalista e pesquisador de cultura urbana João Ferreira Gomes, o Jota Efegê, publicaria no "Segundo Caderno" do jornal *O Globo*, do Rio de Janeiro, em 11 de setembro de 1976, a crônica "Icaínara, a Bugrinha, uma maxixeira *hors-concours*", depois incluída em seu livro *Meninos eu vi...*, Rio de Janeiro, Funarte, 1985.

11.
OS CIRCOS E OS PAVILHÕES

A mobilidade dos circos, construídos de maneira a poderem deslocar-se de cidade em cidade, conduzindo suas coberturas de lona em carroças ou caminhões, tornou-se responsável, no Brasil, por uma particularidade até hoje ainda não estudada: a da difusão nacional de um tipo de cultura popular especificamente citadina, num país onde era difícil a comunicação com o interior.

Herdeiro do circo romano pela forma do picadeiro em redondel (circo vindo do latim *circus*, local cercado em volta) e pela presença de feras, e acrescido de contribuições medievais (os artistas de rua surgidos com as primeiras cidades-feira europeias), os circos acabariam por transformar-se, em fins do século XIX, numa redução universal das artes cênicas. Nos circos podia-se encontrar, além das habilidades humanas não catalogadas entre as grandes artes — como, por exemplo, os engolidores de espadas e de fogo, domadores de feras, equilibristas, contorcionistas e mágicos —, as representações teatrais, os números de canto, e a figura sem paralelo do palhaço, capaz de fundir, na medida do seu talento, a comédia, a farsa e a própria tragédia.

No caso brasileiro, e na maior parte que interessa mais diretamente à música popular, o circo revelaria durante quase um século a importância de veiculador das formas de teatro musicado das cidades, com suas bandas e seus números de *show*, ficando reservada especialmente à figura do palhaço — ao lado de sua função cômica específica — a de equivalente dos cançonetistas de teatro e, mais tarde, dos cantores de auditório das rádios.[1]

---

[1] O autor desenvolveu essas observações posteriormente no pequeno

Em pequeno artigo de 1950, intitulado "Uma 'estória' de palhaços", a pesquisadora paulista Elza Dellier Gomes revelava ter ouvido de um velho informante a versão de uma história humorística contada e cantada por um palhaço de circo no bairro do Brás, em 1883, e que, na sua mistura de prosa com estribilhos cantados, parecia revelar, de fato, uma projeção, sobre o circo, das então popularíssimas cançonetas de cafés-concerto imitadas do *vaudeville* francês.

Segundo o informante da pesquisadora, o palhaço (que ele lembrava ser de cor branca) contava uma série de episódios engraçados, rematando-se invariavelmente com uma quadrinha cantada.

A história da velha que esperava o caixeiro virar as costas para roubar um queijo, e não era perseguida por ele porque "era capaz de vir meia dúzia de velhas e roubarem a venda inteira", era concluída com a quadrinha:

"Pomada, pomada
Rançosa pelo caixeiro
A pomada é usada
Só no Rio de Janeiro".

O episódio do velho careca que vai ao baile com uma pastinha de carvão imitando cabelo, e na hora de declarar-se à moça vê o suor estragar-lhe o disfarce, revelando sua calva, tem como remate:

"Pomada, pomada
Pomada em latão

estudo "Circo brasileiro, local do universal", incluído em seu livro *Cultura popular: temas e questões*, São Paulo, Editora 34, 2001 (2ª ed. revista e ampliada, no prelo).

Tudo isso acontece
Ao velho careca e babão".[2]

Na verdade, desde a segunda metade do século XIX, entre as atribuições dos palhaços, além de contar histórias e fazer rir, através de cenas sempre movimentadas (antecipadoras das comédias de pastelão do cinema), figurava a de cantar ao violão modinhas e lundus, numa espécie de prolongamento do papel dos artistas populares responsáveis, no teatro do século XVIII, pelos velhos espetáculos de intervalo de peças denominados entremeses.

Essa função de menestrel do povo se tornava possível, aliás, pela tradição que obriga os grandes palhaços a uma certa habilidade musical, uma vez que entre os seus deveres de abaladores da visão convencional do mundo está a de tirarem sons estapafúrdios de instrumentos normalmente ligados à respeitabilidade musical das orquestras.

No Brasil essa atividade artística era ainda mais facilitada porque, vindo os palhaços invariavelmente das camadas mais baixas do povo, a sua adesão ao gosto boêmio das serenatas e do violão podia ser julgada obrigatória.

E uma prova incontestável disso estaria no fato de dois dos mais famosos cantadores do início da indústria do disco no Brasil — o negro Eduardo das Neves (1871-1919) e o branco Mário Pinheiro (1880?-1923) — terem começado como palhaços de circo.[3] E, ainda, pela existência, também no Rio de Janeiro, de

---

[2] Elza Dellier Gomes, "Uma 'estória' de palhaços", *Correio Paulistano*, São Paulo, 28 de maio de 1950. A autora reproduz a música de uma das quadrinhas.

[3] O fato de Eduardo das Neves ter sido palhaço de circo é incontestado, mas no caso de Mário Pinheiro a falta de documentação sobre sua origem circense poderia pôr em dúvida a afirmação, não fora o testemunho de Catulo da Paixão Cearense, ao escrever por ocasião da morte do cantor: "Baixo cantante. Vi-o a primeira vez como palhaço de um circo de décima

um terceiro cantor menos conhecido, o Campos, e que em suas gravações da primeira década do século XX fazia constar no selo do disco, numa evidente indicação de garantia de qualidade: "antigo palhaço de circo".

Na verdade, deslocando-se muitas vezes em lombos de burros até os pontos mais remotos do vasto interior do país, os circos representaram para milhões de brasileiros da área rural, durante muitos anos, a única visão possível de um mundo alheio ao trabalho escravizante da terra. As trapezistas de roupas de malha de algodão encardido constituíam para esses pobres moradores do campo a visão alada de mulheres de sonho, de alguma maneira ligadas às imagens dos anjos de que os padres falavam durante os sermões. Os mágicos e engolidores de fogo e de espadas, o desafio à imaginação embotada pela mediocridade do cotidiano, mas apesar disso sempre disposta à maravilha. A graça irreverente dos palhaços, a desforra contra a obediência permanente aos símbolos do bom comportamento e da hierarquia. As representações teatrais, a possibilidade de participar, ao menos uma vez como meros espectadores, de situações dramáticas cheias de gritos e de lágrimas tão identificadas com suas próprias vidas (a honra da moça pobre roubada pelo moço rico; a ingratidão do filho para com a mãe; a desgraça de um velho arrasado pela bebida etc.) e, finalmente, no número de canto do palhaço, ao violão, estaria o puro gozo estético de uma manifestação artístico-musical ao nível da sua compreensão e do seu interesse.

Essa difusão de elementos de cultura urbana pela imensidade da área rural estava destinada a permitir uma série de trocas de informação tão surpreendente entre campo e cidade que mui-

---

ordem na Piedade. Já lá se vão mais de 25 anos". Como Mário Pinheiro morreu em 10 de janeiro de 1923, o testemunho de Catulo comprova que, pelo menos até fins do século XIX, o depois cantor popular e lírico foi, realmente, palhaço de circo.

tas vezes não se saberia dizer, pelos resultados, qual a corrente predominante. Um dos melhores exemplos dessa síntese cultural, no plano da música cantada, ficaria no próprio recitativo rítmico, à base de perguntas e respostas, dos palhaços de circo e da criançada, nos desfiles anunciando os espetáculos pelas ruas das cidades.

Denominadas genericamente de *chulas de palhaço*, essas cantigas — entre as quais a mais conhecida é a que tem por estribilho a quadrinha

> "Ô raio, ô sol,
> suspende a lua,
> viva o palhaço
> que está na rua..."

podiam estender-se por dez, vinte ou mais versos, às vezes até incorporando versos já transformados em folclore desde o Primeiro Império, como era o caso do "batuque na cozinha/ Sinhá não quê/ por causa do batuque/ eu queimei meu pé".

Em seu livro *Cultura popular brasileira*, o folclorista Alceu Maynard Araújo registra uma versão paulista desse canto dialogado de desfile de palhaço, com os versos:

> "— 'Eu vi a negra na janela.'
> Respondem os meninos em coro:
> — 'Tinha cara de panela.'
> Solo — 'Eu vi a negra no portão.'
> Coro — 'Tinha cara de tição.'
> Solo — 'Hoje tem espetáculo?'
> Coro — 'Tem, sim senhor.'
> Solo — 'Hoje tem marmelada?'
> Coro — 'Tem, sim senhor.'
> ....
> Solo — 'Hoje tem forrobodó?'
> Coro — 'Tem, sim senhor.'

Solo — 'Na casa de sua avó?'
Solo — 'Na sua!... Na sua!...'".[4]

Numa primeira análise desses versos, destaca-se logo como presença da cidade a palavra *forrobodó*, termo criado no fim do século XIX pelos autores de quadrinhas de propaganda dos desfiles de carros alegóricos do Carnaval do Rio de Janeiro, e que eram publicados nos jornais ou distribuídos em folhas volantes sob o nome de *puffs*.

Em compensação, em outra versão dessa mesma cantoria de palhaços e crianças, por sinal bem mais extensa, e recolhida em Santa Catarina por O. Silveira, a palavra *forrobodó* aparece ao lado de uma imagem que indica uma projeção regional, quando os versos finais cantam: "O sino da matriz já bateu seis horas/ coitado do palhaço que já vai embora".

Essa longa cantoria do "préstito bufo", em que O. Silveira se recordava daquela "figura burlesca de cara pintada que à tarde, montado a cavalo, andava pelas ruas anunciando o espetáculo e à noite, no picadeiro, nos fazia rir com seus ditos e momices", tinha os seguintes versos:

"— Hoje tem espetáculo?
Tem sim senhor.
— Às oito da noite?
É sim senhor.
— Hoje tem marmelada?
Tem sim senhor.
— Hoje tem goiabada?
Tem sim senhor.
— É de noite é de dia?
É sim senhor.

---

[4] Alceu Maynard Araújo, *Cultura popular brasileira*, São Paulo, Melhoramentos/MEC, 1973, p. 114.

— Aproveita moçada
Dez tostões não é nada.
— Sentadinho na bancada
Para ver a namorada.
— O palhaço o que é?
É ladrão de mulher.
— E a moça na janela?
Tem cara de panela.
— E a negra no portão?
Tem cara de tição.
— Hoje tem forrobodó?
Tem sim senhor.
— É na casa da tua avó?
É sim senhor.
— Hoje tem arrelia?
Tem sim senhor.
— É na casa da tua tia?
É sim senhor.
— É de perna de pau?
É de blau-blau-blau.
— O batuque na cozinha.
A sinhá não quer.
— E por causa do batuque?
Eu queimei meu pé.

(cantando) — Papai, mamãe venham ver titia
Tomando banho de água fria.
(cantando) — Papai, mamãe venham ver vovó
Tomando banho de água só.
(cantando) — Papai, mamãe venham ver Loló
Tomando vinho com pão de ló.
(cantando) — O raio do Sol suspende a Lua
Por causa do palhaço que saiu à rua.
(cantando) — O sino da matriz já bateu seis horas
Coitado do palhaço que já vai embora.

(cantando) — Viva a rapaziada sem ceroulas
Vivaaaaaaa........".[5]

Essa descrição de O. Silveira do desfile do palhaço anunciador do espetáculo em Santa Catarina coincide em tudo com a de Basileu Taborda França para o caso de Goiás, ao lembrar a visita do circo de Sebastião Aranca, o Jacu, à cidadezinha de Jataí, em 1920, no capítulo "Circo" de seu livro *Música e maestros*:

"— Hoje tem goiabada?
— Tem, sim senhor.
— Hoje tem marmelada?
— Tem, sim senhor.
— E o palhaço, que é?
— É ladrão de mulher...
Rosto branco de alvaiade, boca exageradamente vermelha e descomunal, gorro velho no cocuruto, calções largos e multicoloridos, com bambolins de seda e sapatos brancos, lá ia o homem montado ao reverso — de cara para a cauda — no burrico manso, que andava a passo lerdo através das ruas esburacadas e poeirentas. Atrás, como bando de pássaros barulhentos, os meninos faziam coro entrecortado de risos e 'viva o palhaço!'. Portas e janelas abriam-se para admirar a passeata, que anunciava função logo mais à noite".[6]

E no Rio Grande do Sul, Atos Damasceno Ferreira, ao recordar os circos de Porto Alegre da primeira década do século em

---

[5] O. Silveira, "Circos de cavalinhos", *Boletim da Comissão Catarinense de Folclore*, ano VIII, nºs 23-24, jan. 1957-jan. 1958, Florianópolis, Santa Catarina.

[6] Basileu Toledo França, *Música e maestros*, Goiânia, 1962, pp. 53-4.

seu livro *Imagens sentimentais da cidade*,[7] após lembrar a figura do palhaço "esganchado, ao contrário, no lombo do animalejo", contribuía também com a divulgação com outra versão sulina da famosa chula de palhaço:

> "— Hoje tem lengo-lengo?
> Os moleques respondiam em coro:
> — Tem, sim, sinhô!
> — E é no tambor do leite?
> — É, sim, sinhô.
>
> — Ó raio! Ó sol, suspende a lua!
> — Bravos o paiaço que está na rua!
>
> Parava um pouco. Depois prosseguia:
>
> — A criança que chora?
> — É que qué mamá!!!
> — A muié que namora?
> — É que qué casá!!!
> — E o paiaço o que é?
> — É ladrão de muié!...
>
> — Ó raio! Ó sol. Suspende a lua!
> — Bravos o paiaço que está na rua!...".

No Rio de Janeiro, de onde partiam e onde se concentravam os mais importantes circos brasileiros, era costume, nos primeiros anos do século XX, receberem as famílias em casa, nas manhãs de estreia, "o programa da noite do espetáculo, onde em clichês xilografados, exibem-se os retratos dos notáveis da

---

[7] Atos Damasceno Ferreira, *Imagens sentimentais da cidade*, Porto Alegre, Livraria Globo, 1940.

troupe e que os mais exagerados adjetivos apresentam a exaltar escandalosamente: *Estreia hoje o arquicélebre palhaço Eduardo das Neves. A superfamosa* ecuyère *Manola Dias, discípula da fenomenal Rosita de la Plata. O estupendo Mangandu, engolidor de espadas e outros instrumentos cortantes e perfurantes. João Krupp, o famoso homem-canhão, o mais homem-canhão do mundo inteiro...*".[8]

Como em qualquer cidade do interior, porém, o palhaço também saía pelas ruas dos arrabaldes distantes do Rio, à tarde, gritando seu canto de propaganda para a sonora resposta da molecada:

"— Hoje tem espetáculo?
— Tem sim senhor!
— Hoje tem goiabada?
— Tem sim senhor!
— Palhaço que é?
— É ladrão de mulhé!".[9]

Esses dois últimos versos, presentes em todas as versões da cantoria, não importa qual a procedência, indicam por sinal o grau de importância que os artistas de circo assumiam aos olhos das populações interioranas. Desconhecendo os ídolos de massa que os grandes centros começavam a formar, publicando suas fotos nos jornais e acompanhando as particularidades das suas vidas, os habitantes das pequenas cidades e vilas — principalmente as mulheres românticas, achatadas pela mediocridade da vida local — tinham tendência a fixar sua admiração na principal figura do circo: a do artista que, protegido pelas tintas coloridas que encobriam o rosto, tanto lhes podia piscar os olhos e atirar indiretas maliciosas, como contar histórias ridículas ou

---

[8] Luís Edmundo, *O Rio de Janeiro do meu tempo*, vol. 3, p. 493.

[9] Luís Edmundo, *op. cit.*, p. 494.

poéticas e, no auge do espetáculo, cantar ao violão lundus picarescos e modinhas românticas. Rosto lavado, durante o dia, o palhaço reassumia a condição de homem comum, mas tornava-se por isso mesmo milagrosamente acessível aos sonhos das mulheres, que continuavam a vê-lo sob sua aura mágica de artista brilhante de cores e de espírito. E era desse casamento da admiração artística com a possibilidade da superação da mesquinhez e falta de horizontes da vida interiorana que nasciam os repetidos romances responsáveis, afinal, pela legenda dos palhaços ladrões de mulheres.

A história do circo no Brasil, aliás, está repleta de exemplos desse fascínio, através de rocambolescos casos de fugas de casa (como a da atriz Dercy Gonçalves, ainda menina, no estado do Rio de Janeiro, e do mais tarde célebre palhaço Benjamim de Oliveira, de Minas Gerais), não sendo raro revelações de atores e músicos que, já realizados, confessam ter despertado para a arte sob o impacto dos espetáculos de circo, como o faria Ari Barroso, ao contar como, ainda menino, criara em Ubá os "Circos Barrosos", fazendo o gato de casa andar no arame e cobrando dez palitos de fósforo de entrada aos meninos da vizinhança.

O primeiro palhaço de estilo genuinamente brasileiro a deixar notícia certa de sua influência nacional foi o negro de Pará de Minas Benjamim de Oliveira. Cognominado de "mestre de gerações" pelo ator Procópio Ferreira, Benjamim de Oliveira (1870-1954) começou vendendo bolos na porta dos circos que passavam por Pará de Minas e, um dia, fugiu com o Circo Sotero, onde se iniciou em acrobacias. Como o dono do circo o espancava, Benjamim fugiu três anos depois agregado a um bando de ciganos, indo parar em São Paulo, após quase ter sido trocado por um cavalo.[10]

---

[10] Em entrevista concedida ao jornalista e pesquisador da história do teatro brasileiro Brício de Abreu, Benjamim de Oliveira contaria em 1947 ter-se salvado da escravidão por intercessão de uma mocinha cigana do ban-

Transformado em palhaço em 1890 (o que representaria um salto em sua carreira, já que até então comia separado em "prato de folha", pois, contava, "como negro eu não me sentava à mesa com os outros"), Benjamim de Oliveira percorria desde então, durante cinquenta anos, todos os estados do Centro-Sul do Brasil, representando e cantando chulas e lundus, entre os quais figurava o velho e famoso lundu do "Soldado que perdeu sua parada", vindo dos tempos da Guerra do Paraguai, e que chegaria a ser gravado em disco no início do século XX pelo ex-palhaço Mário Pinheiro:

"O soldado que perdeu sua parada (bis)
Pegou na pena e escreveu ao anspeçada
O anspeçada como homem do diabo
Pegou na pena e escreveu para o cabo
O cabo como estava no quartel (bis)
Pegou na pena e escreveu ao furriel
O furriel naquele momento
Pegou na pena e escreveu para o sargento (bis)
O sargento que só anda com mulheres (bis)
Pegou na pena e escreveu ao seu alferes
O seu alferes naquele repente
Pegou na pena e escreveu para o tenente
O tenente para honrar o seu galão
Pegou na pena e escreveu ao capitão

(rindo e falando)
Ah! Ah! Que confusão danada...
O capitão no Estado-Maior (bis)
Pegou na pena e escreveu para o major (bis)

---

do, de nome Jandira, que lhe comunicou ter ouvido um dos ciganos combinar a sua troca por um cavalo, o que era perfeitamente possível por ser ele negro, e o país admitir legalmente a escravidão até 1888.

> O major que não quis fazer mal
> Pegou na pena e escreveu ao marechal
> O marechal como homem verdadeiro
> Pegou na pena e escreveu ao brigadeiro
>
> (rindo)
> Ah! Ah! Ó diabo!
> O brigadeiro como homem de valor (bis)
> Pegou na pena e escreveu ao Imperador (bis)
> O Imperador que de tudo quis dar cabo
> Pegou na pena e escreveu para o diabo (bis)
> O diabo que na velha sempre joga
> Pegou na pena e escreveu para a sogra
> A sogra que quis se livrar de confusão
> Pegou na pena e botou no caldeirão (bis)
> Mexeu bem mexido e comeu com pirão".

A partir dos primeiros anos da década de 1900, a homenagem de outro palhaço igualmente negro, Eduardo das Neves — já então transformado em cantor editado em discos e cançonetista de cafés-cantantes —, permitiria a Benjamim de Oliveira enriquecer seu repertório com novo lundu: o "Crioulo faceiro".

Dedicado "ao simpático *clown* Benjamim de Oliveira", o lundu de Eduardo das Neves fazia o seu homenageado retratar-se cantando em versos:

> "Eu sou crioulo faceiro,
> Eu sou brejeiro, na multidão,
> Cada conquista é um tesouro
> No choro do violão...
>
> Vem cá mulata,
> Não sejas má,
> Que o teu crioulo,
> Pra teu consolo,

Pronto aqui está.
Num paraíso de flores,
Os meus amores aqui sonhei:
Em sonho vi minha amada,
Mágica fada, a quem amor jurei.

Linda morena,
Meu querubim,
Tem dó, tem pena,
Do Benjamim.

Eu venho lá de outra terra,
Onde em cem guerras de amor me vi,
E combatendo feias ações,
Mil corações ali venci!

Com toda a calma,
Fui vencedor:
Ganhei a palma,
Na guerra do amor.

Ouvi minha despedida:
Adeus, querida, pecados meus,
A tua ausência me mata...
Linda mulata, adeus! adeus!

Quanta saudade!
Amor sem fim,
Amor sem fim,
Nesta cidade
Vai deixar o Benjamim!".[11]

---

[11] "Crioulo faceiro (ao simpático *clown* Benjamim de Oliveira)", conforme publicado por Eduardo das Neves em seu livreto de cordel *Mistérios*

É curioso ressaltar que, conhecendo como palhaço as particularidades específicas da carreira de um artista necessariamente andejo, Eduardo das Neves tinha o cuidado de incluir no poema da sua homenagem cantada um verso indicador da mobilidade do artista Benjamim — "Eu venho lá de outra terra" —, fazendo-o ainda terminar com uma despedida antecipada, que fazia supor os resultados do fascínio pessoal do palhaço sobre o público em geral, e feminino em particular: "Quanta saudade!/ Amor sem fim,/ Nesta cidade/ Vai deixar o Benjamim".

Aliás, no que se refere à contribuição dos palhaços à música popular brasileira, nenhuma ultrapassaria a de Eduardo das Neves.

Conhecido até hoje pela modinha "A conquista do ar", que compôs em 1903 para saudar a chegada de Santos Dumont de Paris, e que incluía os versos de ufanismo desmedido

"A Europa curvou-se ante o Brasil
E clamou parabéns em meigo tom:
Brilhou lá no céu mais uma estrela
Apareceu Santos Dumont",[12]

o crioulo Eduardo Sebastião das Neves, nascido em São Paulo em 1871, tenta aos 21 anos conciliar sua vocação de boêmio com a segurança de um lugar de guarda-freios na Estrada de Ferro Central do Brasil, e, depois, de soldado do Corpo de Bombeiros do

---

do violão: grandioso e extraordinário repertório de modinhas brasileiras, Rio de Janeiro, Quaresma & Cia., 1905.

[12] Em seu livro *Bastos Tigre e La Belle Époque* (São Paulo, Livraria Edart, 1966), Raimundo de Meneses conta que o próprio Eduardo das Neves, liderando um conjunto de chorões famosos do Rio de Janeiro do início do século, foi cantar sua modinha diante da casa do dr. José Carlos Rodrigues, na rua Conde de Baipendi, onde Santos Dumont repousava da canseira das homenagens que prestaram ao chegar ao Rio no dia 7 de setembro de 1903.

Rio de Janeiro. Demitido do primeiro emprego por ter participado de uma greve, e expulso da segunda corporação por faltar continuamente ao serviço e aparecer fardado em meio a boêmios e chorões, decide-se pela vida de circo.[13]

Irmão de outro palhaço, mas de vida infortunada — Sabino Antônio das Neves, duas vezes condenado por crimes de morte, na década de 1920 —, Eduardo das Neves exibe-se pelo menos desde 1895 em circos cariocas e, em 1901, às vésperas de excursionar pelo Nordeste e tornar-se cantor profissional, ainda é anunciado pelo folheto *Trovador de esquina ou repertório do capadócio* apenas como o "palhaço Eduardo das Neves".

Em picadeiros como o do Circo-Pavilhão Internacional (armado na rua Voluntários da Pátria, no bairro carioca de Botafogo, em 1897), e do Teatro-Circo François, de Marieta François e irmãos, funcionando na Tijuca em 1905, o "crioulo Dudu das Neves" — como ele mesmo se intitulava orgulhosamente — exibiu-se ao violão durante anos, cantando não apenas velhas modinhas e lundus do repertório dos palhaços vindos do século XIX, mas numerosas canções que ele mesmo compunha muitas vezes sobre temas do momento.

Em 1905, numa dessas composições de tema dirigido, a intitulada "Salve", e destinada especialmente à festa em benefício da artista Marieta François, proprietária do Teatro-Circo François, Eduardo das Neves, após cantar

"Deus guarde, senhores, distintas senhoras,
O vosso cantor prazenteiro aqui está,
Cantando na lira tão magra e serena,
A linda morena Marieta François",

---

[13] A informação é de Jota Efegê no artigo intitulado "Dudu, o bombeiro boêmio" (*O Jornal*, Rio de Janeiro, 3 de julho de 1966), e no qual acrescenta: "Pegou então o violão e com ele apareceu em vários picadeiros cantando chulas, lundus e modinhas".

galantemente receberia "aplausos calorosos, inclusive dos dois partidos que se haviam formado em honra à mesma simpática artista".[14]

Graças a tal capacidade de cantar, como um verdadeiro trovador medieval, sobre qualquer assunto, Eduardo das Neves acabaria fornecendo numa canção escrita em 1900 (quando morava no subúrbio carioca do Engenho Novo) o melhor retrato que alguém poderia fazer dele. Nessa longa composição de 84 versos, intitulada singelamente "O crioulo", assim traçava Eduardo das Neves o seu autorretrato:

> "Quando eu era molecote,
> Que jogava meu pião,
> Já tinha certo jeitinho
> Para tocar violão.
>
> Quando eu ouvia,
> Com harmonia,
> A melodia,
> De uma canção,
> Sentia gatos
> Que me arranhavam,
> Que me pulavam
> No coração.

---

[14] Nota ao pé da publicação dos versos da canção "Salve", in *Mistérios do violão*, Rio de Janeiro, Quaresma & Cia., s.d., p. 26. A referência a partidos se explica: no início do século os circos, para estimular seu público, promoviam a formação de facções favoráveis a diferentes artistas, o que representava uma extensão do fenômeno conhecido nos teatros desde o século XIX. Fenômeno que, por sinal, acabaria se repetindo ainda uma vez, no correr da década de 1950, nos programas de auditório das rádios cariocas, com adeptos de cantores como Marlene e Emilinha Borba formando fãs-clubes capazes de se engalfinhar à porta da Rádio Nacional por amor de seus ídolos.

Fui crescendo, fui aprendendo,
Fui-me metendo na malandragem
Hoje sou cabra escovado,
Deixo os mestres na bagagem...

Quando hoje quero
Dar mão à lira,
Ela suspira,
Põe-se a chorar.
As moreninhas
Ficam gostando
De ver o crioulo
Preludiar.

Entrei na Estrada de Ferro
Fui guarda-freio destemido...
Veio aquela grande 'greve',
Por isso fui demitido.

Era um tal chefe,
Que ali havia,
Que me trazia,
Sempre na pista;
Ah! não gostava
Da minha ginga;
Foi, apontou-me
Como grevista.

Como é o filho de meu pai
Do Grupo dos Estradeiros,
Fui pra quarta companhia
Lá do Corpo de Bombeiros.

Na companhia
Estava alojado,
Todo equipado

De prontidão;
Enquanto esperava
Brando de fogo
Preludiava
No violão.

Fui morar em São Cristóvão
Onde morava meu mestre...[15]
Depois de ter minha baixa
Fui pra companhia equestre.

Sempre na ponta
A fazer sucesso,
Desde o começo
Da nova vida;
Rindo e brincando,
Nunca chorando
Tornei-me firma
Bem conhecida.

Não me agasto em ser crioulo;
Não tenho mau resultado,
Crioulo sendo dengoso,
Traz as mulatas de canto chorado.

Meus sapatinhos
De entrada baixa,
Calça bombacha,
Pra machucar;
As mulatinhas
Ficam gostando,

---

[15] Quase certamente o folclorista Mello Moraes Filho.

E se babando
C'o meu pisar.

Fui a certo casamento...
Puxei ciência no violão,
Diz a noiva pra madrinha:
'— Este crioulo é a minha perdição.

Estou encantada,
Admirada.
Como ele tem
Os dedos leves...
Diga-me ao menos,
Como se chama?'
'— Sou o crioulo
Dudu das Neves'".

Tendo realmente alcançado sucesso "desde o começo da nova vida", Eduardo das Neves, após percorrer os estados do Rio de Janeiro e de Minas Gerais de 1894 a 1901 (em dezembro de 1901 está em Belo Horizonte), ingressa em algum circo com excursão marcada para o Nordeste, pois várias composições incluídas mais tarde em seu segundo livrinho de cordel, o *Trovador da malandragem*, aparecem com indicações que marcam a sua trajetória: Bahia, 30 de junho de 1901; Bahia, 27 de fevereiro de 1902; Bahia, 1º de março de 1902; Bahia, 1º de abril de 1902; Alagoas, 1902; Pernambuco, setembro de 1902.

É provavelmente por essa época — e desde logo documentando a importância dos palhaços de circo como veiculadores da música popular — que o futuro historiador baiano Afonso Rui, ainda menino, vê Eduardo das Neves cantar em Salvador o lundu "A preta mina", de Xisto Bahia,[16] e em cujo estribilho apa-

---

[16] Ao escrever sobre Xisto Bahia, em seu livrinho *Boêmios e seresteí-*

reciam os versos que hoje não se pode dizer se já pertenciam ao folclore, ou mereceram depois a honra de folclorizar-se:

> "Laranja, banana,
> maçã, cambucá,
> eu tenho de graça,
> que a preta me dá.
> Em noites de frio,
> do que ela mais gosta,
> me estende por cima
> seu pano da Costa".

De volta ao Rio de Janeiro, a tempo de verificar que os responsáveis pela recentemente introduzida indústria do disco estavam se apropriando de suas composições, ao gravá-las sem fazer constar seu nome no selo, Eduardo das Neves procura o proprietário da Casa Edison, concessionário das patentes de gravação da Odeon, reclama a autoria das músicas indevidamente apropriadas e se lança como cantor profissional:

> "Ainda não há muito tempo" — contaria o próprio palhaço-compositor-cantor no prefácio do seu folheto *Trovador da malandragem* —, "ouvi um fonógrafo repetindo 'O 5 de novembro', mas, de tal modo, com tantos erros, tão adulterado, que nada se entendia. Dirigi-me, então, ao Sr. Fred. Figner, e cantei em um dos fonógrafos do seu estabelecimento comercial

---

ros do passado (Salvador, Livraria Progresso Editora, 1954, p. 17), Afonso Rui inclui o lundu "A preta" entre várias músicas do ator e modinheiro baiano, e escreve: "[...] esta última ainda ouvida por mim, cantada nesta cidade, num circo de cavalinhos, por Eduardo das Neves, cujo estribilho era bem uma salada de frutas, como veremos". No *Cantor de modinhas brasileiras*, em que Catulo da Paixão Cearense colecionou composições de Eduardo das Neves, o título da música é "A preta mina", e não apenas "A preta".

algumas modinhas. S.S. gostou tanto, que firmou comigo contrato para eu cantar todas as minhas produções nos aparelhos que expõe à venda. Faço essa declaração... para evitar dúvidas... O seu, a seu dono...".[17]

Transformado em cantor de estúdio de gravação, Eduardo das Neves não pôde mais se afastar do Rio de Janeiro por muitos meses, o que o leva primeiro a restringir suas atividades aos circos da cidade, e, depois, a subir na escala artística, quando passa sucessivamente a apresentar-se em pavilhões, no palco do Passeio Público, em casas de chope, em cafés-cantantes.

Ainda assim, porém, antes de desligar-se definitivamente do circo, Eduardo das Neves juntaria seu nome ao do grande antecessor Benjamim de Oliveira na mais original experiência até então realizada em um teatro de picadeiro: a adaptação da opereta *Viúva alegre* para ambiente de circo.

A fusão do teatro com o circo tinha-se tornado definitiva desde o início do século XX, quando o palhaço Benjamim, então ligado ao Circo Spinelli, com lona armada junto ao Boliche da praça Onze de Junho, no Rio de Janeiro, teve a ideia de lançar "essa forma de teatro combinada com circo, que mais tarde tomaria o nome de Pavilhão".[18]

Contra a vontade do dono do circo, o Spinelli — que inicialmente se negou, inclusive, a pagar o guarda-roupa dos artistas (as roupas foram alugadas) —, Benjamim de Oliveira transformou a encenação de peças de grandes autores no picadeiro em

---

[17] Citação conforme o prefácio da reedição do *Trovador da malandragem*, de 1926, supondo-se que a primeira edição tenha sido de fins de 1902 ou inícios de 1903, uma vez que Eduardo das Neves diz ter ouvido suas composições apropriadas por outrem "ainda não há muito tempo".

[18] Declaração de Benjamim de Oliveira na entrevista de 1947 ao jornalista Brício de Abreu, que a publicaria sob o título "O maior artista negro do Brasil — Benjamim de Oliveira", no seu livro *Esses populares tão desconhecidos*, Rio de Janeiro, E. Raposo Carneiro Editor, 1963, p. 86.

um grande sucesso popular, chegando a conquistar a admiração do teatrólogo Artur Azevedo com a sua interpretação no *Otelo*, de Shakespeare.

Quando, pois, a opereta de Franz Lehar sacode o Rio de Janeiro, e logo o Brasil todo, a partir de 1910, transformando a sua valsa-motivo num sucesso sem precedentes, os artistas de circo sentiram que não poderiam recuar diante da tentativa de capitalizar essa popularidade da *Viúva alegre*.

E foi assim que, com diferença de apenas dois meses, a opereta *Viúva alegre* pôde ser vista pelo povo miúdo do Rio de Janeiro, ainda no início de 1910, adaptada por dois palhaços de circo: Eduardo das Neves a transformara na "comédia crítica em 2 atos" *A sentença da viúva alegre* (estreada em 18 de janeiro no Teatro Cinematográfico Santana, da rua Santana, 40/42), e Benjamim de Oliveira a adaptara ao picadeiro (estreia no Circo Spinelli, então no Boulevard de São Cristóvão, em 18 de março), com a ajuda do maestro de orquestra de teatros de revista Paulino Sacramento, que conseguiu o prodígio de instrumentar todas as músicas da opereta para banda.

Graças a essas duas adaptações, o Brasil ficou sendo, então, o único país do mundo em que a famosa opereta destinada ao consumo da fantasia das altas camadas da classe média urbana pôde descer ao alcance do povo, com o príncipe Danilo interpretado por três palhaços de circo: Mário Pinheiro (que depois cederia o lugar a Benjamim, inicialmente fazendo Negus), Benjamim de Oliveira e Eduardo das Neves. Tudo isso acrescido de um pormenor rico de sugestões: os dois últimos palhaços, por serem negros do povo, eram obrigados a representar o papel de Danilo com os rostos brancos de alvaiade.

Tais encenações teatrais em picadeiros de circo e pavilhões (consistindo a diferença entre os dois no fato de os primeiros serem móveis, com cobertura de lona, e de serem os segundos construções fixas) foram o ponto de partida para o surgimento de uma teatrologia circense que ainda está por ser levantada e estudada. Com a interpretação dos atores refletindo às vezes uma certa influência da exageração do estilo clássico de representar, colocado ao alcance do grande público pelos artistas do cinema mudo, essas peças de picadeiro provocaram dificuldades cênicas que eram resolvidas com invejável coragem e realismo.

Em foto publicada na revista *Fon-Fon!* de 5 de dezembro de 1914, por exemplo, e que mostrava "uma cena da nova peça *O diabo na dança*, levada no popular Circo Spinelli, com geral agrado", os dez artistas-cantores do coro aparecem formando uma roda, ombro a ombro, à volta do picadeiro, enquanto, sobre o chão cheio de calombos da parte central coberta de serragem, um arlequim de punhal na mão, e de costas para uma fileira de árabes com seus albornozes, dialoga com um velho ricamente vestido à oriental.

Após o advento da era do rádio, e quando as músicas de letras dramáticas, estilo "O ébrio" e "Coração materno", de Vicente Celestino, começaram a ganhar popularidade nacional através da irradiação dos discos, os autores de peças para circos passaram a adaptar seus temas teatralizando-os sob a forma de verdadeiras óperas populares. E o momento da representação dessas histórias inspiradas em letras de músicas era sempre o da interpretação da canção já conhecida e esperada pelo público.

Quando o rádio, já a partir de meados da década de 1930, ampliou as instalações dos seus estúdios, permitindo o aparecimento dos chamados programas de auditório (anteriormente o público ficava quase sempre separado dos artistas por um janelão de vidro, a fim de evitar o barulho), os circos imediatamente responderam à novidade com uma outra adaptação: ao lado de seus números tradicionais, circos e pavilhões começaram a oferecer *shows* com aspirantes a cantores e, muitas vezes, apresentando artistas já com nome feito nas rádios.

Tais programas de variedades dos circos, então, chegavam a compensar as despesas com anúncios em jornais e revistas, e ainda em 1948, no Rio de Janeiro, o diretor-empresário Pedro Gonçalves, o Dudu, continuador das tradições do Democrata-Circo, da praça da Bandeira, fazia publicar no *Boletim da SBAT* um rodapé em que anunciava: "Pavilhão Dudu. Espetáculos essencialmente familiares, apresentando diariamente as melhores peças do teatro brasileiro. Excelentes atos variados com as mais sensacionais atrações. Elenco artístico de primeira qualidade".[19]

Os pavilhões, por sinal, constituíram o refúgio do teatro quando, no correr da década de 1930, muitas casas de espetáculos em todo o Brasil foram transformadas em cinemas.

Em São Paulo, onde nada menos de sete teatros passaram a cinemas, apenas no bairro do Brás — Colombo, Oberdan, Brás Politeama, Mafalda, Glória, São José e Moderno —, foram os circos-teatros, intitulados Teatros de Emergência, que não deixaram morrer os espetáculos de palco. Criados em 1940 pelo ator Nino Nelo e pelo empresário circense Daniel Bernardes, com a formação da Empresa Brasileira de Diversões, chegaram a coexistir na década de 1940 cinco Teatros de Emergência, "todos com elencos fixos, com montagens honestas e aproveitando os melhores elementos artísticos disponíveis na praça".[20]

Por todo o interior, eram os circos que, na maioria das vezes, permitiam ao público ver cantando em pessoa, pela primeira vez, os ídolos do rádio, então chamados de *cartazes*. E quando esses *cartazes* entravam em declínio, perdendo em importância nas grandes cidades para os nomes novos que surgiam, eram ainda os circos humildes que lhes abriam os picadeiros, anunciando com a grandiloquência dos seus cartazes e folhas volantes distribuídas pelas ruas das cidades: "Não perca. Hoje monumental apresentação de Orlando Silva, 'o Cantor das Multidões'. Não perca".

---

[19] Foi, aliás, nesse Democrata-Circo, do qual Dudu se dizia o continuador, que, em 1921, o revistógrafo Luís Peixoto encontraria a iniciante que seria a maior vedete do teatro musicado carioca durante mais de vinte anos: a atriz-cantora Araci Cortes, lançadora do primeiro samba-canção, o "Ai ioiô", de Henrique Vogeler e do seu próprio descobridor Luís Peixoto.

[20] *Apud* Nino Nelo, "Grandezas e misérias do nosso teatro", *Boletim da SBAT*, jan.-fev. 1961.

A partir da década de 1960, com o advento da música de consumo, os circos passariam a refletir, finalmente, as próprias contradições das camadas populares, divididas entre a continuidade da tradição cultural brasileira e os ritmos importados. E assim, ao lado das duplas caipiras tocadoras de modas de viola, rasqueados e guarânias de vaga inspiração paraguaia, os grupos de músicos jovens, movidos pela ilusória equiparação à classe média dos grandes centros, passaram também a sacudir o ambiente dos circos com o som estridente das suas guitarras elétricas. Ao menos, até onde o desenvolvimento desigual do país conseguia estender os fios da luz elétrica, uma vez que os circos — com seu inelutável apego ao povo — continuaram a chegar inclusive onde os cabos da Light não alcançavam.

Parte IV
OS SALÕES DO POVO

12.
OS PIANEIROS

A introdução do piano no Brasil, iniciada na segunda década do século XIX, permitiria, em menos de cem anos, o estabelecimento de uma curiosa trajetória social descendente que conduziria o instrumento das brancas mãos das moças da elite do Primeiro e Segundo Impérios até os ágeis e saltitantes dedos de negros e mestiços músicos de gafieiras, salas de espera de cinemas, de orquestras de teatro de revista e casas de família dos primeiros anos da República e inícios do século XX.

Esse fenômeno de democratização do piano acompanharia passo a passo o processo de diversificação social dos grandes centros urbanos brasileiros, cujas novas camadas — confiantes na possibilidade de contínua ascensão vertical — adotavam símbolos capazes de comprovar a conquista das posições mais altas. E um desses símbolos seria, exatamente, a exibição de um resplandecente piano coberto por paninhos de crochê a um canto da sala.

Na verdade, até bem entrado na segunda metade do século XIX, possuir um piano no Brasil constituía um privilégio de algumas poucas famílias de Pernambuco, da Bahia, do Rio de Janeiro e de Minas Gerais (pois até 1850 o piano só chegava a outras províncias muito excepcionalmente), o que conferia ao instrumento uma sonora conotação de nobreza, poder, cultura e bom nascimento.

Dessa maneira, quando nos principais centros urbanos brasileiros a multiplicação dos salões incentivou a importação do caro instrumento, fazendo surgir o comércio de pianos usados, a consequente expansão da área de uso do chamado piano-forte permitiria, afinal, em 1856, ao poeta Araújo Porto Alegre chamar o Rio de Janeiro de "a cidade dos pianos", contribuindo assim para fixar aquela data como marco inicial da história do piano popular.

De fato, enquanto os pianos europeus ou norte-americanos sustentaram seus preços pelas alturas de 1:200,000 (um conto e duzentos), muito pouca gente das cidades disporia de economias para enfrentar tal despesa, pois aquela quantia de um conto e duzentos correspondia, até 1850, a cerca de dois anos de salários de um pai de família de nível médio.

Do momento, porém, em que a riqueza da cultura do café no Vale do Paraíba multiplicou os salões da Corte capazes de abrigar o instrumento da moda, confirmando para o Rio de Janeiro o título conferido pelo poeta Porto Alegre, os anúncios de vendas de pianos se tornaram comuns nos jornais, e o seu preço no mercado dos instrumentos musicais usados foi caindo progressivamente, a ponto de torná-lo acessível a muitos comerciantes, profissionais liberais bem-sucedidos e a um grupo mais reduzido de burocratas de nível salarial razoável.[1]

Para a música popular isso significou a incorporação, aos conjuntos instrumentais, de mais um elemento, ao lado da recente formação de flauta, violão e cavaquinho, e possibilitou ainda o aparecimento de um novo tipo de artista do povo: o tocador de piano possuidor de pouca teoria e muito balanço que, para dis-

---

[1] Em seu romance humorístico *A família Agulha*, de 1870, Luís Guimarães Júnior explora o lado cômico da busca de aparência de ascensão social pela posse de um piano comprado a prestações, na cena em que o funcionário público Anastácio Agulha, ante a absoluta incapacidade da mulher, d. Eufrosina, de aprender a tocar por música, cola papeizinhos numerados nas teclas, para conseguir a execução de um lundu pela sequência das notas: "O piano parecia um jogo de roleta". Para mais pormenores ver, do autor, *A música popular no romance brasileiro: vol. I, séculos XVIII e XIX*, São Paulo, Editora 34, 2000, pp. 155-78.

tinguir dos pianistas de escola, se convencionou chamar (algo depreciativamente) de *pianeiro*.

Os dois mais antigos pianeiros que ligaram seus nomes à história da música popular brasileira como compositores foram Chiquinha Gonzaga (nascida no Rio de Janeiro em 1847, e já em 1858, com onze anos de idade, autora de uma composição intitulada "Canção dos pastores"), e Ernesto Nazaré (nascido em 1863, também no Rio, autor, em 1887, da polca "Você bem sabe", composta aos catorze anos).

Muito coerentemente, Chiquinha Gonzaga, nascida no fim da primeira metade do século XIX, quando o piano ainda constituía raridade e privilégio, era descendente de uma alta família do Império (seu pai seria marechal de campo), mas Ernesto Nazaré, nascido dezesseis anos depois, já era filho de um simples funcionário público, cuja mulher ajudava a economia da casa como professora de piano.

Esses dois pianeiros de renome, embora podendo ser enquadrados na categoria por terem composto música dançante e tocado como profissionais do instrumento — Chiquinha Gonzaga em bailes particulares e no teatro musicado, Ernesto Nazaré em casas de música e salas de espera de cinemas —, ficariam ambos, é verdade, em posição muito especial em relação à classe da qual seriam os protótipos. É que, como sua formação se dera numa época em que o aprendizado do piano se fazia necessariamente à base de um repertório clássico-romântico, seguindo o estilo de mestres ou discípulos de mestres europeus, as suas composições e a sua técnica ainda traduziam uma certa "elevação" e um certo "bom acabamento" denunciador de suas pretensões eruditas. Quando, porém, a partir dos últimos anos do século XIX os pianos descem em grande número às salas de visita de famílias mais modestas e clubes recreativos, e as casas de música começam a despejar no mercado centenas de partituras de autores ligados à música dos choros, então surgem pianeiros de formação definitivamente autodidata, desligados da boa técnica e desde logo responsáveis por uma novidade estilística: a "zoeira de harpejos, trinados e trêmulos em estertor", como registrou o musicólogo Brasílio Itiberê.²

Ao contrário da primeira geração de pianistas populares ainda bem-dotados de teoria musical (como o personagem do conto "Um homem célebre", de Machado de Assis, que no Rio de Janeiro de 1876 fazia sucesso escrevendo polcas, mas que no fundo queria mesmo era "compor alguma coisa de sabor clássico"), esses pianeiros de fins do século XIX têm compromisso com um público que desejava dançar, e, portanto, só exige deles um "ritmo dengoso, sapeca, repinicado, conforme exigia a modalidade dançante".³

Os pianeiros, na verdade, apareceram como uma opção para quem desejava dar um baile em casa, pois, até então, a música de dança só era fornecida pelos grupos de chorões, invariavelmente formados à base de flauta, violão e cavaquinho:

> "A animação dos bailecos" — escreveu a pioneira pesquisadora da história da música popular brasileira Marisa Lira — "dependia da música. Se havia 'arame' [dinheiro], contratava-se um 'choro, e, se dono da casa estava na 'disga' [sem dinheiro], um 'pianeiro' de ouvido, se havia piano em casa".⁴

---

² Brasílio Itiberê, *Mangueira, Montmartre e outras favelas*, Rio de Janeiro, Livraria São José, 1970, p. 36. Segundo o mesmo autor observou em seu trabalho intitulado "Ernesto Nazaré e sua obra" (*Boletim Latino-Americano de Música*, tomo VI, abril de 1946), as características dos pianeiros eram "o dengo, a macieza, o espírito frajola, o humor e a graça ágil".

³ Marisa Lira, "Bailes e bailecos do Rio antigo", *Vamos Ler*, 20 de julho de 1944, p. 49.

⁴ Marisa Lira, *op. cit.*, p. 49. A "animação dos bailecos", por sinal, transformava a casa em que se realizava a festa num ponto de atração para a vizinhança, que formava na rua um público de curiosos chamado de "sereno". Formado pelos estranhos ou não convidados, o "pessoal do sereno" chegou a interessar como tema a cronistas de imprensa ("O sereno", por

E acrescentava, esclarecedoramente, após afirmar que "a chegada dos 'chorões' ou do 'pianeiro' à casa da festa era um despontar de aurora":

> "O 'pianeiro' ou tocava por camaradagem ou por contrato até onze, uma hora, ou mesmo até de manhã. Ernesto Nazaré foi o maior 'pianeiro' antes de se tornar famoso. E Aurélio Cavalcanti ficou célebre na história da cidade [do Rio de Janeiro]. Memória estupenda, ninguém como ele para compor ou tocar para dançar. Tinha um ritmo invejável".[5]

Esses pianistas populares, geralmente especialistas em valsas lentas e polcas saltitantes, eram, em sua maioria, também autores das muitas músicas que tocavam, figurando ainda no século XIX entre os mais prolíficos autores de valsas, polcas, tangos e *schottisches*, não apenas aquele Aurélio Cavalcanti (que teve mais de uma centena de composições editadas[6]), mas ainda J. Cristo, Alexandre G. de Almeida (o Xandico), Azevedo Lemos e Américo Fonseca da Costa.

Dessa primeira geração de pioneiros — que contava ainda com nomes como Azeredo Pinto, Chirol, Chico Porto, Maneco Leal, Júlio Barbosa, J. Bulhões, Escobar, Porfírio da Alfândega, Benedito Monte, Carlo T. de Carvalho, Júlio Reis, e também de

---

Antonius, *Selecta*, ano I, nº 7, 14 de julho de 1925) e romancistas, como Horácio de Carvalho em seu *O cromo: estudo de temperamento*, de 1888, e Manuel de Oliveira Paiva em *A afilhada*, publicado em folhetins em 1889 pelo jornal *Libertador*, de Fortaleza, e só editado em livro em 1961, em São Paulo, pela Editora Anhembi. Ver, do autor, *A música popular no romance brasileiro: vol. I, séculos XVIII e XIX*, São Paulo, Editora 34, 2000.

[5] Marisa Lira, *op. cit.*, p. 49.

[6] O autor deste livro conseguiu identificar 106 dessas composições, editadas pelas casas Bevilacqua, Artur Napoleão, Buschmann & Guimarães, e André A. da Costa & Cia.

mulheres como d. Maria José, do bairro carioca de São Cristóvão, d. Vivinha e d. Naninha — o mais famoso foi inegavelmente o mulato Aurélio Cavalcanti.

Mestiço alto e magro, queixudo, basto bigode, mãos enormes (diziam que se submetera a uma operação nas membranas das mãos para alcançar notas distantes no teclado), Aurélio Cavalcanti tornou-se a partir de 1890 o mais disputado pianeiro profissional do Rio de Janeiro. Apesar de cobrar sessenta mil-réis por baile em casa de família (com um intervalo à meia-noite para reforçada ceia obrigatória), Aurélio tinha sua agenda comprometida para quase todos os dias da semana, o que o levava a viver em estado de sonolência permanente, pois seu cachê o obrigava a tocar normalmente até quatro horas da manhã.

Segundo um curioso depoimento da jornalista Sandra Barreto, que conheceu o pianeiro em menina, no início do século XX, "mal começava a tocar para os pares voltearem pelos salões antigos, Aurélio Cavalcanti ferrava no sono":

> "Dormia mesmo sem parar de tocar" — lembrava em seu depoimento de 1967 Sandra Barreto, acrescentando: "Muitas vezes, dormindo, compunha peças que logo esquecia. E a turma que já sabia da dormideira de Aurélio, quando queria parar de dançar (para as famosas voltinhas de braço dado, em volta do salão) chegava perto do piano e acordava Aurélio".[7]

O sestroso pianista mulato era amante das chamadas "valsas espanholas" ("Mire usted!", "Señorita", "Caramba!"), e uma dessas músicas com algo de castanholado, a valsa intitulada "La muchacha", figuraria por mais de dez anos nos repertórios de

---

[7] Depoimento prestado em bilhete ao autor deste livro em 1967 por Sandra Barreto, então repórter dos Diários Associados, no Rio, e no qual esclarecia: "Eu, menininha de oito anos, era a acordadeira oficial de Aurélio, antes de chegar noite alta. Como me lembro do pianista dorminhoco!".

piano de todo o Brasil, entrando pelo século XX como um dos mais duradouros sucessos de Aurélio Cavalcanti.

Esses pioneiros, vindos ainda de fins do Segundo Reinado e inícios da República, começaram a envelhecer e a ficar ultrapassados com suas valsas, polcas, *schottisches* e mazurcas durante os anos da Primeira Grande Guerra (1914-1918), quando uma nova geração de pianeiros — já agora influenciados pela novidade dos ritmos norte-americanos do *one-step*, do *ragtime* e do *fox--trot* — iniciava uma carreira destinada a estender-se até o advento das orquestras de rádio, e das fábricas de discos e de dança, responsáveis pelo processo final de profissionalização do tocador de piano popular.

Nascidos entre 1880 e o despontar do novo século, essa terceira geração de pianeiros vinha dar continuidade à linha de tradição iniciada com Chiquinha Gonzaga e seguida por Aurélio Cavalcanti, mas exibindo seu talento já agora como empregados de casas de música, clubes recreativos ou de orquestras de salas de espera de cinemas.

Embora uns poucos, como o compositor de valsas de estilo francês Mário Penaforte, autor de *Baiser Suprême*, pudesse dar--se ao luxo de não tocar profissionalmente (era Fiel de Tesoureiro da Tesouraria Nacional), e outros ainda fossem seus próprios patrões, como Eduardo Souto, proprietário da Casa Carlos Gomes (onde se exibia ao piano para os fregueses), a maioria desses novos pianeiros era atraída ao Rio de Janeiro pela oportunidade de ganhar algum dinheiro tocando música popular ao piano.

É bem verdade que o pioneiro do samba, José Barbosa da Silva, o Sinhô (1888-1944), o criador do samba-canção Henrique Vogeler (1888-1944), e o líder de *jazz-band* José Francisco de Freitas (1897-1956) eram cariocas, mas o próprio Eduardo Souto (1882-1942) viera de Santos, Augusto Vasseus (1899-1970), do Rio Grande do Sul, Ari Barroso (1903-1966), de Minas Gerais, e Romualdo Peixoto, o Nonô (1902-1955) e Osvaldo Chaves Ribeiro, o Gadé (1904-1970) da vizinha cidade de Niterói, no estado do Rio de Janeiro.

Essa diversidade de procedência dos novos pianeiros "cariocas", aliada ao fato de em outras cidades já haver lugar para o aparecimento de tal tipo de pianista profissional — principalmente em Pernambuco, onde despontavam Tia Amélia (1890), Nelson Ferreira (1900) e Capiba (1904) —, vinha revelar, afinal, que o antigo instrumento das elites tinha alcançado após o fim da Primeira Grande Guerra, em 1918, não apenas o ponto máximo do seu processo de democratização, mas estava também suficientemente integrado na música popular brasileira a ponto de transformar o "pianeiro" numa figura nacional.

Como o interesse da indústria do disco tardou muito em interessar-se pela música dos pianeiros enquanto solistas — antes de Nonô, Gadé e Carolina Cardoso de Menezes, poucos pianistas populares chegaram ao disco, a não ser como acompanhadores, e o próprio Ernesto Nazaré só deixou exemplo de sua interpretação em quatro ou cinco discos — pouquíssima documentação restaria para se determinar em que grau teria esse tipo de artista contribuído para "sistematizar as características rítmico-melódicas dos conjuntos populares dos choros e das serestas", como sugeriu o maestro Aloísio de Alencar Pinto.[8]

E isso porque, embora o musicólogo Brasílio Itiberê tenha escrito no início da década de 1960 que a figura do pianeiro não havia desaparecido de todo, mas ainda vivia "por aí, um pouco desajustado e acuado para fora dos centros urbanos", era ele mesmo quem acrescentava:

> "É verdade que perdeu muito do prestígio que gozava na Belle Époque, quando brilhava como astro fulgurante — de bigodes encerados e colarinho de ce-

---

[8] Em artigo publicado na *Revista Brasileira de Música* (n° 5, abr.-jun. 1963, pp. 13-33) sob o título "Ernesto Nazaré/Flagrantes", o maestro Aloísio de Alencar Pinto afirma que essa tarefa foi realizada por "compositores e maestros populares, músicos intuitivos, mais ou menos dotados, e que, na época, eram conhecidos por *pianeiros*".

luloide — no arrasta-pé mais chaveco, nas gafieiras do subúrbio ou nas tertúlias literárias dos salões ilustres de Botafogo".[9]

Ainda assim, porém, após afirmar que "a polca, a valsa, o maxixe, o nosso tango... sincretizaram, brasileiramente, nesses dois gêneros urbanos: o Choro e o Samba", Brasílio Itiberê julgava ter elementos para afirmar que "o pianeiro passou a interpretá-los com uma nova técnica e novos meios de expressão".

Para Brasílio Itiberê, aliás, um tocador de terceira geração de pianeiros ainda vivo na época em que escrevia, o niteroiense Gadé, podia mesmo ser apontado como um depositário da arte do verdadeiro estilo pianístico quase perdido. E escrevia, esclarecendo em seu entusiasmo pelo artista popular todas as virtudes musicais que resumiriam a técnica de execução dos pianeiros:

> "Gadé é absoluto. Toca com a serenidade de um autêntico campeão do mundo. Tem talento, e tem tarimba porque foi pianeiro em navios do Loide. O domínio do teclado, a beleza do toque, a facilidade da transposição, o senso rítmico — quase diria metronômico —, a facilidade de colocar a melodia em equilíbrio instável, fazendo-a escorregar ou antecipar uma fração de segundo, com uma paradoxal regularidade — todas essas qualidades conferem a Gadé credenciais de artista raro".[10]

Finalmente, depois de afirmar serem "tão caprichosas e imprevistas" as modulações de Gadé, que costumava surpreender-se em *suspense*, ao ouvi-lo, Brasílio Itiberê concluía, caracteri-

---

[9] Brasílio Itiberê, "Nazaré, Garrincha, Gadé e outros 'cobras'", artigo incluído no livro *Mangueira, Montmartre e outras favelas*, p. 35.

[10] Brasílio Itiberê, *op. cit.*, p. 38.

zando de maneira mais completa a sua definição da técnica dos modernos pianeiros:

> "E como é árdua a sua tarefa! Porque a melodia do samba é rebelde, insubmissa, avessa à unidade de movimento, inimiga do método e da ordem, escamoteando o compasso, sempre que pode, e resvalando para a síncopa, procurando fugir à grafia".[11]

A quarta e última geração dessa linha de pianeiros vinda da segunda metade do século XIX apareceria em cena pelos fins da década de 1930 e inícios de 1940, em pleno apogeu do rádio, fornecendo a maioria dos arranjadores e componentes de orquestras de estúdio e de dança. Muito curiosamente coincidindo com a onda de imigração estrangeira que marcara o início da moderna fase de industrialização do país, grande parte desses novos pianeiros saía de São Paulo (Vicente Paiva, 1908-1969; José Maria de Abreu, 1911-1966), a maioria revelando mesmo através dos próprios sobrenomes a sua origem de filhos de italianos encaminhados pelos pais para a "sublime arte da música", como Lírio Panicali (1906), Osvaldo Gogliano, o Vadico (1910-1962), Leo Peracchi (1911), Gabriel Migliori (1908-1974) e Lindolfo Gaya (1921).

De outras cidades brasileiras convergiriam para o Rio pianistas populares como o gaúcho Radamés Gnattali (1906-1988) — sempre hesitante entre a música erudita e a popular —, o paraense Carlito (1913), o baiano Lauro Paiva (1913), os mineiros Hervê Cordovil (1914) e Waldir Calmon (1919-1982), o pernambucano Elpídio Salles Pessoa, o Fat's Elpídio (1915), o cearense José Luciano (1921) e o maranhense Luís Reis (1926).

Seriam esses pianeiros, atraídos para a então capital brasileira que, ao lado de uma maioria de cariocas, como Custódio

---

[11] Brasílio Itiberê, *op. cit.*, p. 38.

Mesquita (1909-1945), Mário Cabral (1915-1969), Carolina Cardoso de Menezes (1916-1999), Ribamar (1919), Bené Nunes (1920) e Farnésio Dutra, o Dick Farney (1921-1987), iam estender até o advento da bossa nova, no final da década de 1950, a influência e a tradição do velho piano popular. Tradição, aliás, que seria ainda um grupo de pianistas jovens que se encarregaria de retomar num novo plano musical: o da música produzida no escuro das boates, nos anos 1960, sob a forte influência dos modernos gêneros e estilos da música popular norte-americana, principalmente o *jazz*, e que foi chamada de bossa nova. Bossa nova que, por sinal, teria no pianeiro carioca de transição do velho estilo, Antonio Carlos Jobim (1927-1994), a sua maior figura de compositor, e no igualmente carioca João Alfredo, o Johnny Alf (1929), o seu primeiro pianeiro propriamente dito.

13.
AS GAFIEIRAS

O aparecimento dos salões de dança para a gente do povo — depois denominados genericamente gafieiras — representa um curioso momento na história das relações de classe no Rio de Janeiro.

Essa novidade da criação de um serviço de bar e música de dança à base de conjuntos de sopro, cordas e percussão, geralmente instalados em salões de velhos sobrados do antigo centro comercial do Rio, ou de alguns bairros e subúrbios mais populosos, surgiu no fim da segunda metade do século XIX, como uma evidente consequência da reestruturação social ocorrida após a abolição da escravidão.

Engrossadas as camadas populares com os contingentes de ex-escravos migrados principalmente dos estados do Rio de Janeiro e de Minas Gerais, e com as primeiras levas de imigrantes estrangeiros, o Rio transformou-se numa cidade de casas de cômodos e de cortiços. O crescimento das chamadas "últimas classes" atingiu em pouco tempo um ponto tal, que uma Companhia de Saneamento surgiu em 1890 para construir vilas operárias no centro da cidade e nos redutos de operários das fábricas de tecidos de Vila Isabel e da Gávea.

Quando esses grupos novos conseguiram sedimentar a sua posição no quadro social da época, entre as suas preocupações estava a de encontrar formas urbanas de diversão, pois quase todos os seus componentes se originavam de zonas rurais. Uma das soluções encontradas foi a de um meio-termo entre a festa folclórica e o baile citadino representado pelos ranchos: espécies de associações de vizinhos em torno de um grupamento que saía no Carnaval, mas durante o ano realizava bailes nas salas onde se guardavam os estandartes e instrumentos do rancho.

A maior parte da população pobre da cidade vivia ainda, nos primeiros anos do século XX, no perímetro abrangido a partir da década de 1930 pelo centro da cidade, até a altura do canal do Mangue. Assim, não seria por acaso que aos velhos ranchos de baianos da Saúde viessem juntar-se, nas redondezas da praça Onze, as primeiras gafieiras, ainda então sob o nome de sociedades recreativas. Desde 1880 funcionava ali o Aristocratas da Cidade Nova, e, perto dele, já na primeira década do século XX, na rua Senador Eusébio, 44, viria a instalar-se o Clube Cananga do Japão, em que o compositor Sinhô, pioneiro do samba, tocaria durante mais de dez anos, cercado pelo prestígio resultante de uma circunstância sentimental: fora seu pai quem pintara os estandartes do clube.

A proliferação desses clubes pelos bairros (Botafogo tinha os Caprichosos da Estopa, o Boêmio, o Lírio do Amor, o Catete, a Flor do Abacate e o Corbeille de Flores, no largo do Machado), indicava a partir da segunda década do século XX o resultado social das grandes obras (avenida Central, hoje Rio Branco, e o cais do porto) que provocaram a descentralização da zona de pobres da cidade, obrigando-os a mudar para Botafogo, ao longo do Catete, e para a Zona Norte, seguindo a linha da Central do Brasil.

Baile de gente pobre — o que quer dizer predominantemente de pretos e mestiços —, essas sociedades recreativas representavam a primeira criação social de grupos praticamente sem experiência de "vida de salão". E tanto isso é verdade que, na tentativa de imitar os bailes da gente de classe média, tais eram os pequenos equívocos de etiqueta cometidos, que um cronista chamaria pela primeira vez esses tipos de clubes de *gafieiras* para expressar, sob esse neologismo, a verdadeira enfiada de *gaffes* que neles sempre ocorria.

Herdeiros daqueles primitivos grupos de ranchos, os clubes de dança afinal denominados de gafieiras marcaram, a partir do início do século XX, a primeira tentativa de ascensão social das camadas mais baixas da população carioca através da imitação dos bailes de brancos. Em entrevista ao "Caderno B" do *Jornal do Brasil*, em inícios dos anos 1960, o pioneiro criador de gafieiras Júlio Simões (àquela época ainda dirigindo o Clube Vitória, logo despejado do sobrado que ocupava na rua do Resende) reivindicava a criação da primeira gafieira carioca do tipo moderno em 1906. Segundo o entrevistado, a sua Sociedade Danças Clóvis Invencível era "um tipo de sociedade de danças frequentada pela classe média, sem preconceitos de cor, ou quaisquer outros". Ressalvado o engano do pretendido criador das gafieiras, ao classificar os frequentadores do seu primeiro clube como gente da classe média, o que se evidencia desde logo, pela sua declaração, é que o preconceito de cor impedia até então a massa dos "crioulos e mestiços" de se divertir ao lado dos brancos. Realizada a conquista dos seus clubes recreativos, a preocupação da ascensão social revelou-se pela extrema rigidez com que os dirigentes dessas sociedades faziam observar os princípios de ordem e de etiqueta. Em sua entrevista, Júlio Simões, embora criticando a forma extravagante do moderno estilo de dançar nas gafieiras, fazia questão de frisar que só uma coisa não mudara: "a tradição de respeitabilidade das gafieiras". No seu clube da época da entrevista, o Vitória, por exemplo — gabava-se o velho Júlio —, "ninguém pode abraçar a dama nem sentado na cadeira, freguês embriagado não entra e o traje indispensável é paletó e gravata, ou, no mínimo, camisa fechada".

Por volta de 1930 esse tipo de clube recreativo tinha chegado a características tão peculiares, que começou a merecer a curiosidade da classe média.

O resultado dessa curiosidade se tornou expresso no livro do jornalista João Ferreira Gomes intitulado *O Cabrocha* (*Meu companheiro de farras*), editado em 1931 pela Casa Leuzinger, da rua do Lavradio, 162, com capa do desenhista Franciscони. Em seu livro, sob o pseudônimo Jota Efegê, o jornalista criava a figura de um "crioulo" simpático, profundo conhecedor de gafieiras, o Cabrocha, que o introduz no estranho mundo das "crioulinhas *blasées*", e das "mulatinhas pernósticas". Nas entrelinhas de O *Cabrocha* — hoje um repositório de informações para o historiador de cultura urbana — podia-se perceber a formação eminentemente democrática dessa criação popular das gafieiras.

"Em meio dessas 'cabrochas' e 'roxinhas'", escrevia por exemplo Jota Efegê, "viam-se algumas moças brancas de aparência sóbria".[1]

A presença de "moças brancas de aparência sóbria" queria dizer que, embora criadas para escapar ao preconceito contra os negros, as gafieiras não reagiam como os clubes de pretos norte-americanos, mas recebiam os brancos das camadas mais pobres como iguais. E isso, por sua vez, queria dizer que na estrutura social do Rio de Janeiro de 1930, o rebaixamento econômico das classes populares impedia os brancos de considerar o seu pigmento uma condição de superioridade, obrigando todos a uma confraternização democrática, ao menos na hora de dançar.

As gafieiras, como se vê, tinham conseguido firmar a sua originalidade. E seria essa originalidade, aliás, que marcaria a sua decadência anos mais tarde, quando os seus salões já não constituíam mais o território despreconceituoso em que pretos e brancos se abraçavam ao som das orquestras de *jazz-band*, mas o campo de "pesquisa social" de sofisticados estudantes universitários da alta classe média.

Essa descoberta das gafieiras como fenômeno sociológico, com interesse extensivo à área da cultura popular, foi feita inicialmente pelos intelectuais, na década de 1940. Escritores e poetas estrangeiros como Stefan Zweig e Pablo Neruda eram levados por colegas brasileiros para conhecer esses "redutos negreiros noturnos se deliciando com o seu inédito", como escreveria

---

[1] Jota Efegê (pseudônimo jornalístico de João Ferreira Gomes, Rio de Janeiro, 1902-1987), O *Cabrocha* (*Meu companheiro de farras*), Rio de Janeiro, Casa Leuzinger, 1931, p. 26.

em 1955 na *Revista de Música Popular* o sr. Armando Pacheco, num artigo intitulado "Gafieiras".

Por essa época, na Zona Sul do Rio de Janeiro, ocorria o fenômeno paralelo do aparecimento das boates, que representavam para os brancos da classe média da cidade o mesmo que as primeiras gafieiras tinham representado para as camadas mais populares: a existência de um local público de dança, fora do círculo estreito dos bailes de clubes e das chamadas "festinhas" de família.

Assim, a não ser por interesse de ordem intelectual, os brancos de uma maneira geral ignoravam completamente a existência dos salões de dança dos negros e mestiços da cidade. A curiosidade dessas camadas médias, ainda na década de 1950, dirigia-se para os modelos de diversão importados como foram os *shows* das boates, que conjugavam o velho teatro de revista decadente com a novidade das danças "tic-to-tic" na escuridão cheia de possibilidades sexuais das sobrelojas ou térreos de prédios de apartamentos de Copacabana.

Foi a moderna geração universitária, para quem a antiga atração das boates já não tinha novidade, que fez nascer na primeira metade da década de 1960 a onda de curiosidade pelas gafieiras. Afastada da vida noturna pelas estreitas possibilidades das mesadas, a juventude universitária, naturalmente encaminhada para a observação dos fenômenos sociológicos por influência das matérias dos recentes cursos de ciências sociais, resolveu unir o útil ao agradável: entrar em contato com o povo (moderna tendência da bossa nova e preocupação expressada em 1965 pelo *show Opinião*) e, ao mesmo tempo, experimentar a sensação do divertimento à sua moda (ensaios de escolas de samba e, já então, visitas às gafieiras).

Esta moderna tendência da juventude da classe média carioca, longe de representar, como muitos pensavam então (e os próprios donos das gafieiras imaginavam) uma tentativa de superação de preconceitos, encobria uma atitude tipicamente intelectual: a do gozo de emoções sensoriais e estéticas a preço módico.

Fundada no despontar da década de 1940 na rua das Laranjeiras pelos cidadãos Manuel Gomes Matário e um estudante de Direito de nome Pedro — o que explicava o nome Estudantina —, uma nova gafieira, vizinha ao prédio da Inspetoria de Trânsito carioca, na praça Tiradentes, estava instalada naquele sobrado desde 1943, após rápida passagem pela praça José de Alencar, no Catete. Uma gafieira a mais entre as outras, a Estudantina recebia apenas, afora seus frequentadores habituais, um ou outro jornalista do *Diário Carioca*, instalado então em um sobrado vizinho, ou do *Diário de Notícias*, situado na época na rua da Constituição. Cantores em início de carreira, como Nelson Gonçalves (que então imitava Orlando Silva) lá iam divulgar suas músicas cantando de graça, enquanto, no salão, os escurinhos faziam suas firulas sob o olhar vigilante dos fiscais. Assim, as gafieiras de uma maneira geral, e a Estudantina em particular, atravessaram o período da Segunda Guerra Mundial ignoradas pela classe média. Foi no início do ano de 1964, quando o bacharel em Direito carioca, misto de idealista e *bon vivant* Albino Pinheiro (mais tarde criador da carnavalesca Banda de Ipanema) descobriu a gafieira como um reduto de forte "cor local", que a Estudantina chegou ao conhecimento dos alienados moradores da Zona Sul do Rio.

Como primeira medida para divulgar a sua "descoberta", Albino Pinheiro começou a convidar amigos, estudantes e intelectuais para que fossem conhecer a gafieira, culminando a propaganda com a publicação de uma reportagem na revista *Manchete*, em cobertura a uma festa por ela mesma organizada. Essa descoberta da ignorada originalidade da Estudantina coincidia com outra novidade nascida do mesmo fenômeno de curiosidade da classe média carioca: o restaurante Zicartola, do compositor Cartola e de sua mulher e cozinheira Zica. Como o restaurante ficava situado próximo à praça Tiradentes, em um sobrado da rua da Carioca, e costumava fechar à meia-noite, a maioria dos seus frequentadores brancos teve a ideia de continuar a noite na gafieira Estudantina, praticando aquilo que, na linguagem dos boêmios da Zona Sul carioca, se chamava uma "esticada".

O espetáculo gratuito da maneira característica de dançar dos casais negros e mestiços, aliado ao preço moderado da bebida, conquistou o público jovem da classe média. A partir do fim de 1964 e início de 1965 a gafieira Estudantina foi tomada de assalto por esse público, na maioria composto de jovens-família. Vieram em primeiro lugar os que, como os universitários, pensavam poder realizar, na prática, a extensão dos cursos de ciências sociais. Depois vieram os simplesmente curiosos. E, depois, as homossexuais então chamadas de "paraíbas" (porque havia mocinhas universitárias). E logo os homossexuais masculinos chamados "enxutinhos" (porque havia a rapaziada de pele morena de praia e camisa vermelha). E, afinal, houve um dia, às vésperas do Carnaval de 1965, em que aconteceu o inevitável: a Estudantina deu um baile pré-carnavalesco com entradas pagas e, quando a orquestra atacou, da velha gafieira só restavam no salão os músicos e os donos, Manuel Jesuíno e Lino. Os antigos frequentadores crioulos tinham sumido.

Interpretado sociologicamente, o interesse das melhores camadas da classe média pela gafieira Estudantina, sintetizando com isso uma curiosidade pelas manifestações de cultura popular em geral (escolas de samba, pintura de Heitor dos Prazeres etc.), correspondia a uma nova forma de romantismo, que consistia em procurar nas fontes populares uma saída para a sua falta de autenticidade.

Em contexto mais amplo, essa atitude se prendia à posição das novas camadas daquela classe média em face da estrutura brasileira, que lhes apresentava uma contradição: não era mais subdesenvolvida o bastante para manter a minoria alfabetizada engambelada com os modelos de cultura estrangeira (a literatura de Proust, a reação da *pop art*, as infinitas possibilidades da música eletrônica), mas ao mesmo tempo não atingia ainda o ponto capaz de permitir às elites intelectuais a criação de estilizações capazes de criar uma forma de cultura própria, nacional.

No plano ideológico e político, essa aproximação servia ainda para uma nova espécie de protesto contra a orientação do governo autoritário em matéria de normas de educação, de política e de diretrizes econômicas e financeiras. Esfriado, porém, o entusiasmo da ala otimista e intelectualmente mais preparada da classe média (universitários, em geral) pela mediocridade moralizante do governo militar, os elementos das camadas médias tiveram que desistir das soluções da "intelligentsia" nacionalista (tipo ISEB, Centros de Cultura da União Nacional dos Estudantes etc.), mas também não se conformavam em aceitar os clichês de cultura representados, por exemplo, pelos autores citados nos discursos pedantes do então ministro do Planejamento Roberto Campos. Colocada, assim, numa espécie de vácuo ideológico e de cultura, é natural que a classe média tivesse ido procurar, confusamente, algo de concreto no outro extremo da cultura de elite com que rompera, ou seja, na cultura popular.

Na realidade, porém, essa aproximação — como se viu — só se fazia sem benefício para a cultura da classe média (cuja preparação intelectual a dirige mais cedo ou mais tarde para a cultura de elite), e com sérios prejuízos para a cultura popular.

O exemplo prático dessa afirmação começava já então a ser fornecido pelos desfiles das escolas de samba. De fato, o fenômeno do interesse da classe média pela cultura popular levou artistas de formação erudita a colaborar na cenografia das escolas de samba (como Arlindo Rodrigues, Fernando Pamplona e outros), e o pretendido "aprimoramento do gosto" obtido com essa intervenção (que, na realidade, representava a imposição de um nível de gosto estranho à comunidade de foliões) permitiu ao grosso das camadas médias do Rio de Janeiro — e logo de todos os grandes centros brasileiros — incentivar os desfiles das escolas de samba, o que passava a atrair um maior número de turistas estrangeiros. Paralelamente, a alienação e inocência dos componentes das escolas de samba, contaminados pelo entusiasmo do público das arquibancadas, encaminhou as agremiações para uma preocupação com sua apresentação enquanto *show* baseado na riqueza de cores e das fantasias. Esse desvirtuamento em pouco tempo tornou-se de tal maneira evidente que provocou a reação de parte da imprensa em nome da "autenticidade", mas como os júris dos desfiles (integrados por representantes típicos da classe média) despreocupavam-se com o lado cultural do espetáculo, fundando seus votos na aparência de *show*, passaram a ganhar esses desfiles exatamente as escolas de samba acusadas de traição à linha da tradição, desaparecendo assim o interesse de tais grupamentos enquanto fenômeno particular de cultura popular.

O caso da gafieira Estudantina se enquadrou perfeitamente dentro do mesmo quadro, e fez parte do mesmo fenômeno. O próprio dono do salão de danças, Manuel Jesuíno, percebendo mais tarde aquele caráter desumano da instalação provisória da classe média no reduto da sua gente, confidenciaria em 1967 a um dos frequentadores, o jovem funcionário público e boêmio carioca Paulo Emílio: "Estou com medo é de como vai ser depois do Carnaval. Esse pessoal é capaz de sumir todo e eu já perdi a maioria do pessoal que frequentava a casa antigamente".

Para se preparar contra aquela eventualidade (e numa atitude semelhante à dos dirigentes de escolas de samba, ao resolverem realizar ensaios-*shows* pagos, no desespero de levantar fundos), o mesmo Manuel Jesuíno revelava ao seu confidente a intenção de abandonar o sistema de oferecer apenas música de dança, anunciando a decisão de passar a promover espetáculos típicos de boate, como solução para aumentar o público da sua gafieira.

Durante o meio século em que as gafieiras puderam representar uma forma original de aproveitamento do lazer por parte das classes populares urbanas, entretanto, esses velhos clubes recreativos tiveram um papel importantíssimo na criação de novos estilos musicais e coreográficos.

Antes do advento dos conjuntos de *jazz-band*, que dariam preeminência aos instrumentos de sopro — trombone, saxofone e clarineta —, a principal figura de músico sobre o estrado dos salões de dança era o pianeiro, invariavelmente sestroso e disposto a balançar os ritmos de valsas, polcas e maxixes (e logo depois de sambas e *fox-trots* também) para alegria dos dançarinos.

Ao som desses artistas populares, responsáveis pela transposição, para a música de dança, "das peculiaridades e jeitos de cantar, tocar e bater o ritmo, usuais entre a gente do povo, especialmente os negros", como bem percebeu o musicólogo Luís Heitor,[2] algumas gerações de trabalhadores não especializados vindos da zona rural, operários e artífices urbanos, comerciários e pequenos funcionários, elaboraram a forma original e quase acrobática de dançar, mais tarde chamada *estilo gafieira*.

Para atender aos arabescos coreográficos desse estilo — que nas gafieiras nada mais representaria do que a evolução dos empernamentos propiciados pela antiga dança do maxixe — os modernos músicos de orquestra tipo *jazz-band*, sucessores dos conjuntos de choro, acentuaram gradativamente as síncopas, imprimindo às músicas um ritmo tão saltitante, que em breve a dança de gafieira ficaria conhecida pelo seu *puladinho*.

Essa evolução da música estilo gafieira seguiria de forma paralela nas grandes cidades brasileiras — principalmente o Rio e São Paulo — quando, no início da década de 1960, a sua originalidade, tal como se viu, atraiu a classe média interessada no consumo do *exótico nacional*. E a consequência — tão bem evidenciada no caso citado da gafieira Estudantina — não se faria esperar: o quadro de interesses normais da clientela popular das gafieiras não resistiu ao abalo provocado pelas novas expectativas trazidas pela classe média (as mocinhas humildes frequentavam os bailes não apenas para se divertir, mas para eventualmente arranjar um namorado "sério", enquanto os moços universitários só pensavam em "apanhar uma mulata"), e as gafieiras perderam a sua finalidade de clube social proletário.

Quando a crise se evidenciou, ainda na segunda metade da década de 1960, algumas gafieiras tentaram salvar-se adotando

---

[2] Luís Heitor, *Música e músicos do Brasil: história, crítica e comentários*, Rio de Janeiro, Livraria Editora Casa do Estudante do Brasil, 1950, p. 19.

o esquema proposto pelo dono da Estudantina carioca, programando *shows* (o que era uma forma desesperada de escapar à morte entregando-se definitivamente aos responsáveis pelo seu fim), ou transformando certos dias da semana em *noites de forró* (o que constituía uma forma igualmente quimérica de conquistar novas camadas de frequentadores nos trabalhadores nordestinos, atraídos ao Sul pelas oportunidades de emprego nas construções, mas inteiramente estranhos ao tipo de solução urbana que as gafieiras representavam).

Todas essas providências destinadas a reparar o erro cultural, como é natural, resultaram inúteis, e no dia 15 de abril de 1973, quando os antigos promotores da curiosa descida da classe média ao reduto do povo resolveram penitenciar-se de seus pecados ideológicos realizando uma noite beneficente à gafieira Estudantina (ameaçada de despejo por falta de pagamento dos aluguéis do salão), o jornal *O Globo*, do Rio de Janeiro, publicou a notícia da promoção com um título que traduzia todo o drama:

"Na festa da Estudantina a luta para não morrer".

14.
OS FORRÓS

Na longa cadeia de fenômenos culturais urbanos que envolvem a presença de música e dança a serviço da diversão das camadas mais humildes dos grandes centros, o último e mais rico de sugestões é o representado pela criação das casas de dança denominadas *forrós*.

Surgidos durante a segunda metade da década de 1950, quando a migração de nordestinos para o Rio de Janeiro, São Paulo e Brasília tinha chegado ao seu auge, na esteira da eufórica construção da nova capital e da correria imobiliária paralela à explosão industrial na região Centro-Sul, os forrós constituíram um curioso exemplo de acomodação de interesses e expectativas culturais no âmbito das camadas mais humildes daquelas três cidades.

Como procediam de áreas rurais ainda presas a um sistema de exploração da terra praticamente feudal, os trabalhadores nordestinos conduzidos aos grandes centros agarrando-se a travessões roliços de madeira armados sobre a carroçaria de caminhões (de onde surgiu a expressão *pau de arara*), constituíam mão de obra não especializada que, na primeira fase de adaptação à economia urbana, só interessava à construção civil.

Sem um mínimo de disponibilidades para disputar sequer uma vaga de hospedaria, esses valentes trabalhadores nordestinos abrigavam-se inicialmente sob as pontes e portadas de igrejas ou prédios públicos mais suntuosos e, em seguida, passavam a armar suas redes nos esqueletos dos edifícios em construção em que conseguiam o seu primeiro emprego. Passado esse período inicial, os que tinham trazido família partiam para a disputa de um barraco nos morros habitados pela população proletária mais antiga, predominantemente negra (caso do Rio de Janeiro), de uma maloca em brejos e mangues da periferia urbana (caso de São Paulo), ou de uma das casinholas armadas com restos de madeira sobre lamaçais de barro vermelho (caso da chamada Cidade Livre de Brasília).

Nas horas de lazer proporcionadas pelos curtos intervalos entre as jornadas de trabalho — noites de segunda a sábado, e tardes de domingo — esses trabalhadores oriundos dos mais diferentes pontos do Nordeste começavam a retomar seus contatos culturais, precisando para isso, desde logo, realizar um complicado trabalho de aculturação destinado a conciliar suas diferenças regionais. Reunidos no Rio de Janeiro à luz de velas nas construções, para cantar e tocar, sentados uns transversalmente sobre montes de redes balouçantes, outros sobre montes de tijolos ou carros de transportar massa de cimento, nordestinos da área rural, da cantoria à base de viola, sanfona e rabeca, encontravam-se então com tiradores de coco da zona litorânea, mais ligados à percussão, e, portanto, naturalmente mais inclinados à fusão com os negros e mestiços batucadores de sambas cariocas. Em São Paulo, essa vizinhança se dava com negros vindos da área do batuque rural, e, em Brasília, a experiência se complicava ainda mais, com a presença de goianos da zona violeira e de mineiros das mais variadas formações culturais, rurais e urbanas.

O resultado dessa rica mistura de informações culturais trazidas de vasta área popular brasileira (o que explicava o aparecimento de discos com novos ritmos nordestinos já urbanizados, sob indicações arbitrárias de gênero tais como xamego, calango, seridó etc.) foi a formação de uma orgulhosa consciência da originalidade das suas criações, e de um propósito tácito de conservá-las em meio ao assalto de todas as influências cosmopolitas e alienantes das cidades.

As primeiras consequências da fidelidade dos migrados nordestinos às peculiaridades culturais da sua região foi a criação de um mercado certo para um novo gênero de música urbana que lhes lembrava as origens — o baião do pernambucano Luís Gonzaga e do cearense Humberto Teixeira, lançado na segunda metade da década de 1940 — e o aparecimento de várias pequenas gravadoras interessadas no lançamento de ritmos como o xaxado, o coco, o chote, a polca e a mazurca.

Inicialmente os trabalhadores nordestinos mais pobres só conseguiam entrar em contato com essas novas produções através de alto-falantes públicos, nos circos dos arrabaldes ou nas praças onde costumavam reunir-se aos domingos para rever amigos e pedir notícias de parentes (no Campo de São Cristóvão e na praça Serzedelo Correia, e depois no largo do Machado, no Rio de Janeiro; no largo da Concórdia, em São Paulo). Com o passar dos anos, entretanto, aumentando cada vez mais a população nordestina nas cidades, essa necessidade de aproximação social entre iguais (principalmente para obter diversão) passou a exigir locais apropriados para ouvir música e dançar. E foi quando surgiram os forrós.

A primeira dessas "gafieiras de nordestinos" — como os cariocas chamaram os primeiros forrós da segunda metade da década de 1950 — surgiu no bairro de Botafogo, no Rio de Janeiro. Muito significativamente, esse salão de danças nordestinas intitulado Forró do Xavier estava instalado na subida do morro do Pasmado, no alto do primeiro dos dois túneis que dão acesso a Copacabana, e onde por aquele fim dos anos 1950 existia uma florescente favela até poucos anos antes habitada apenas por negros e mestiços cariocas.

Nesse forró do Xavier — mudado sucessivamente para o prédio da antiga sede do Clube de Regatas do Flamengo, na praia do Flamengo, ao ser destruída a favela do Pasmado durante o governo Carlos Lacerda, e depois para avenida Lauro Sodré, próximo ao túnel do Leme —, milhares de nordestinos se reuniam às segundas, quartas, quintas, sábados e domingos, das nove às duas da madrugada, para ouvir as músicas da sua região.

A esta altura, já agora, da segunda metade da década de 1960, como o dono da casa via seu negócio prosperar, o primitivo nome de *forró* começou provavelmente a incomodá-lo por sua conotação algo pejorativa de origem (*forró*, baile ou festa de gente humilde, sempre foi palavra pouco nobre, mesmo no Nordeste, equivalendo ao carioca forrobodó), e Xavier criou um novo nome para a sua instituição: Associação Recreativa Cantores do Nordeste. Sem poder avaliar o significado de sua decisão, o responsável pelo pioneiro Forró do Xavier estava fornecendo com essa mudança de nome a primeira indicação da existência de um processo de ascensão social entre a massa dos migrados nordestinos. Enquanto não se sentiram integrados o bastante na cidade, os humildes trabalhadores não especializados contentaram-se com um forró eventual. Quando, porém, a organização do bem-sucedido conterrâneo Xavier, contratando inclusive artistas e conjuntos "de rádio" para suas noitadas, pôde descer do morro e instalar-se no asfalto, a meio caminho do bairro de Copacabana, o forró virou associação recreativa — como qualquer clube da cidade.

Em forrós como esse do Xavier, no Rio de Janeiro, e o do sanfoneiro Pedro Sertanejo, em São Paulo (forró que, por sinal, surgiu em 1962 num bairro proletário paulista chamado Vila Carioca, tantos eram os nordestinos que chegavam via Rio de Janeiro), operários, domésticas, artesãos e pequenos funcionários vindos dos mais diferentes estados reencontravam-se com a sua cultura regional, ao som do clássico tríduo da sanfona, do triângulo e do zabumba. Tal como, aliás, no próprio Forró de Pedro Sertanejo um dos cantores comprovava, cantando ao som da sanfona:

> "Eu vou no forró do Pedro,
> Eu vou, eu vou.
> Vou dançar a noite inteira,
> Eu vou, eu vou.
>
> É forró animado,
> Vem gente de todo estado.

Para olhar a brincadeira,
Eu vou, eu vou...".[1]

Igualmente bem-sucedido e esperto como o pioneiro Xavier, o baiano Pedro de Almeida e Silva, o Pedro Sertanejo (sanfoneiro que começara a carreira no Rio de Janeiro, na década de 1950, na época de sucesso do baião), tornou-se dono de uma gravadora de discos nordestinos — a Indústria de Discos Cantagalo — e acabou fixando seu forró na rua Catumbi, no Brás: o mesmo bairro em que nasceu a indústria paulista, com a ajuda de imigrantes italianos atraídos da Europa em nome da mesma visão de Eldorado que atrairia os nordestinos meio século depois.

Revelado o sucesso do Forró de Pedro Sertanejo, a partir da segunda metade da década de 1960, foram surgindo novos salões de danças para nordestinos, já então se aproveitando de um fator inesperado: a ampliação da venda de aparelhos de televisão pelo crediário, garantindo às famílias da baixa classe média a conquista de diversão em casa, esvaziou os cinemas de bairro, levando seus proprietários a alugá-los para forrós, capazes de abrigar mais de dois mil frequentadores por noite. Espalhados pelos bairros proletários de São Paulo, exatamente onde se concentrava a população de nordestinos, os forrós se multiplicaram em poucos anos, e ao iniciar-se o ano de 1974 passavam de meia centena.

Como esses forrós, porém, só comportavam música de dança, cantadores de desafios, interessados também na clientela de conterrâneos, passaram a procurar os bares das proximidades desses salões para fazer suas cantorias. Em São Paulo esse encontro de cantadores se deu, desde o início da década de 1970, no chamado Recanto dos Poetas Repentistas, um bar do largo da Concórdia, cujo proprietário, o espanhol Henrique Romero, fun-

---

[1] "Dançam polka, baião e xaxado. É um forró", *Jornal da Tarde*, São Paulo, 30 de março de 1970.

cionava desde os primeiros anos de 1960 como uma espécie de protetor da cultura nordestina em São Paulo.

Sob um grande cartaz com os dizeres: "Bar Recanto dos Poetas Repentistas — Onde As Horas Passam Com Harmonia e Poesia", duplas de cantadores como Guriatã de Coqueiro e Zé Aguiar, e Januário e Zé Ferreira (estes lançados em disco, com o LP da CBS *Retratos da fazenda*), passavam a ampliar então o papel dos forrós como mantenedores e divulgadores da música nordestina no Sul. Música que os dois milhões de nordestinos existentes apenas na região da Grande São Paulo, na primeira metade da década de 1970, consumiram com uma fidelidade que levou o seu conterrâneo, o pernambucano Zé Raimundo, proprietário de uma das três lojas de discos das redondezas do largo da Concórdia, a concluir: "O pessoal chega a São Paulo pensando em duas coisas: se for inverno, é comprar roupa de frio, senão bate o queixo. Se for verão, é comprar um rádio portátil ou uma dessas vitrolinhas. Ninguém, no Brasil, é mais musical que o nordestino".[2]

A rapidez com que os forrós se multiplicaram a partir da década de 1980 em São Paulo levaria, pela diversificação do seu público, ao aparecimento do mesmo fenômeno antes ocorrido com as gafieiras no Rio de Janeiro: a apropriação dessa forma de uso de gozo do lazer pela classe média. Não, porém, como resposta a uma necessidade — como no caso dos nordestinos — mas apenas como exploração de uma novidade, na busca da sensação de "exotismo" transformado em moda.

Em verdade, enquanto as casas de forró paulistanas resultaram de iniciativa comercial de nordestinos empreendedores (como o ex-motorista de ônibus Zé Lagoa, criador do salão Asa Branca, em Pinheiros, e do Viola de Ouro, no Ipiranga), ou de qualquer forma destinavam-se a atender gente de bairros de população modesta (o Forró de Pedro Sertanejo desde 1962, no Be-

---

[2] "Brás agora é nordestino", *O Cruzeiro*, 19 de setembro de 1973.

lém, o Norte-Sul na Penha, e o de Zé Bétio no Jaçanã), a novidade preenchia uma função social.

Mesmo quando alguns desses pioneiros na instalação de forrós em São Paulo (como seria o caso do radialista de sotaque caipira Zé Bétio) ofereciam, o que já ocorria desde fins da década de 1970, o estilo nordestino a um público mais heterogêneo — Zé Bétio mantinha dois programas diários numa emissora local — a gente que aderia era potencialmente a mesma frequentadora dos forrós originais.[3]

Foi, no entanto, a crescente popularidade desses forrós paulistanos (apenas o salão do antigo Cinema Coliseu abrigava mais de três mil dançarinos cada fim de semana) que, ao estender as oportunidades de negócio também às gravadoras de discos (no prédio de três andares de Pedro Sertanejo funcionava sua gravadora Cantagalo) e aos empresários de *shows*, marcou o início da passagem da criação de lazer das baixas camadas para a esfera da classe média.

O primeiro sintoma de desvio do fundamento cultural que justificara a própria criação dos forrós — a presença maciça de nordestinos na área urbana da capital paulista — foi a ampliação do repertório da música tocada nos bailes, com a progressiva substituição do trio básico de sanfona, zabumba e triângulo pela música eletroeletrônica de teclados e guitarras exigida pelo chamado estilo brega, representado ao tempo por artistas de grande popularidade como Waldick Soriano, Arnaldo Batista e Reginaldo Bessa. Diversificação de repertório logo seguida, por sinal, com o advento, na década de 1990, dos ritmos importados da *dance music*, do *funk*, do *heavy metal* e da *techno music*, que

---

[3] Segundo reportagem intitulada "Forró paulista: uma salada de ritmos para quem quer dançar muito e pagar pouco", assinada por Silvia Di Nardo e publicada em O Globo em 21 de agosto de 1976, Zé Bétio atraía para seu forró na capital o público interiorano de seus programas oferecendo-lhes ônibus de graça, com ponto inicial próximo da Estação da Luz, que era o local de chegada dos trens que serviam às cidades-dormitório.

conduziriam o antigo som dos nordestinos à novidade do forró eletrônico, que para parecer ainda mais moderno ganharia o nome de *new-forró*.

O curioso é que esse caminho até a aceitação, pela classe média paulistana, do estilo já devidamente "desnordestinizado", "atualizado" e "modernizado" dos forrós, não se processou pacificamente, mas em meio a um quadro social típico de luta de classes, cabendo aos nordestinos o papel de perigo para a preservação dos padrões do bom gosto cultural burguês, e às famílias tradicionais locais o de responsáveis pelo enfrentamento dessa ameaça. E, realmente, após a eleição da política paraibana Luiza Erundina para a prefeitura de São Paulo em 1988, a comerciante Gilda Garcia Cimini promoveu o lançamento de um Movimento por São Paulo, com o objetivo de "impedir a entrada de nordestinos na capital". Em 1992, os muros da Rádio Atual apareceram pixados por jovens neonazistas paulistanos, com ameaças contra o sucesso do programa de música nordestina da emissora.[4]

Como, porém, o processo de apropriação da criação cultural lançada pelos migrantes já estava avançado, graças à adaptação do produto pelos estilos e instrumental mais ao gosto da classe média local — inclusive com a ratificação pelo gosto internacional desde o lançamento, em 1991, do CD *Forró etc.*, parte da série "Brazil Classics", produzida pelo músico norte-americano David Byrne —, a ascensão social do forró pôde efetivar-se com toda a estridência eletroeletrônica. O anúncio mais claro dessa passagem do fenômeno do forró de uma classe para outra foi a aceitação pelas rádios de FM — dadas como guardiãs da "música de qualidade" nacional e internacional — dos ritmos

---

[4] Noticiários da imprensa de São Paulo: "Sair daqui só no último pau de arara", *Diário Popular*, encarte "Revista", São Paulo, 18 de abril de 1989, e "Uma praia arretada e danada de boa", *O Estado de S. Paulo*, tabloide "Seu Bairro-Leste", 2 de março de 1995 (ao focalizar a trajetória do radialista Jorge Mauro, piauiense de Piripiri, apresentador de música nordestina na Rádio Atual).

nordestinos a partir de 1995, agora oferecidos não mais ao restrito público fiel à batida do zabumba, mas ao consumidor do som mais "moderno" de bandas como Mastruz com Leite, Limão com Mel e Magníficos. Todas, é claro, preocupadas em acrescentar ao som dos instrumentos regionais básicos os do saxofone, guitarra e bateria da música de consumo internacional. Tudo a configurar uma ideia de atualização e modernidade aceita inclusive (com inocente candura) pelos culturalmente espoliados, como tão bem demonstraria a declaração de um jovem metalúrgico desempregado frequentador do Centro de Tradições Nordestinas, em resposta a um repórter: "Eu estava precisando conhecer novas músicas, pois ouvia o Gonzagão [Luís Gonzaga] em toda festa que ia. O som dos clássicos já está ultrapassado".[5]

Assim, não foi surpresa que, a partir de fins dos anos 1990, realizada a passagem cultural do forró popular para a área da classe média, viesse a efetuar-se também a sua transferência no espaço físico da própria cidade, com a criação dos bailes — agora chamados também (com o bom humor a esconder preconceitos) de arrasta-pés — em redutos boêmios de zonas elegantes.

E eis como, ao despontar do século XXI, afastado afinal todo o perigo de contato direto com os suados e nada apolíneos nordestinos do povo, criadores do rude ritmo do forró, os jovens mauricinhos e patricinhas paulistanos da Zona Leste puderam dedicar-se ao exótico som popular no salão do Moinho Santo Antonio, transformado em "point" na rua Borges de Figueiredo, deixando para a área boêmia de Pinheiros e Vila Madalena as democráticas liberdades dos bailes do Projeto Equilíbrio, da Radícula São Luís, do Galpão 16, do KVA, do Remeleixo e do Gostoso Demais.

---

[5] "Rala-coxa na Pauliceia. Renegado pelos paulistanos durante décadas, o forró conquista a classe média e vira mania", por Larissa Squeff. Reportagem publicada na revista *Já* do jornal *Diário Popular*, São Paulo, 19 de abril de 1998.

FONTES E BIBLIOGRAFIA

DEPOIMENTOS AO AUTOR

Luís Peixoto (Luís Carlos Peixoto de Castro, 1889-1973), revistógrafo, caricaturista, pintor, poeta e letrista. Entrevista concedida em sua residência, no bairro carioca de Vila Isabel, em 1º de outubro de 1972.

Neco (Manuel Antenor de Sousa, 1893-1968), autor da modinha "Amor ingrato", sucesso no Brasil e em Portugal, recordista de vendas entre 1910 e 1912. Entrevista concedida em sua residência, em Petrópolis, em novembro de 1964.

Sandra Barreto, repórter dos Diários Associados, do Rio de Janeiro. Testemunho pessoal em conversa com autor, posteriormente confirmado em bilhete datado de 1967.

PERIÓDICOS

Anuário de Pernambuco para 1935. Suplemento dos jornais *Diário da Manhã* e *Diário da Tarde*.

Anuário do Carnaval Pernambucano. Recife: Federação Carnavalesca Pernambucana, 1938.

Boletim da Comissão Catarinense de Folclore. Florianópolis, Santa Catarina, ano I, nº 4, jul. 1950 — ano XIX, nº 4, dez. 1981 (somente lançado em 1982).

Boletim Latino-Americano de Música. Bogotá, Colômbia: Instituto Interamericano de Musicologia, ano IV, tomo IV, dez. 1938.

Boletim Latino-Americano de Música. Rio de Janeiro, tomo VI, abr. 1946, primeira parte.

Boletim da SBAT — Revista de Teatro. Rio de Janeiro, ano XXV, nº 232, fev. 1947 — nº 451, ago.-set. 1984.

Careta (Edição de *Kosmos*). Rio de Janeiro, 1908-1950.

Carioca. Rio de Janeiro, 1935-1954.

Cine-Rádio Jornal. Rio de Janeiro, ago. 1938-dez. 1961.

Correio da Manhã. "Literatura", out. 1948-fev. 1965.

Diário de Notícias. "Letras e Artes", 1943-1966. A partir da edição de 10 de agosto de 1958, a colaboradora Marisa Lira, folclorista e pesquisadora da música popular urbana, retoma sua série "Brasil sonoro", por ela mantida na revista *Vamos Ler* de 1938 a 1939.

Fon-Fon! Semanário Alegre, Político, Crítico e Esfuziante. Noticiário Avariado, Telegrafia sem Arame, Crônica Epidérmica. Rio de Janeiro, 1907-1949.

Gazeta de Notícias. "Suplemento Literário". Rio de Janeiro, out. 1909-fev. 1910.

Jornal dos Teatros, Casinos e Dancings. Rio de Janeiro, ano I, n° 3, 2 de maio de 1938.

Kosmos. Revista Artística, Científica e Literária. Rio de Janeiro: Ed. Jorge Schmidt, 1904-1909.

Mensário do Jornal do Commercio. Rio de Janeiro, vol. 1, tomo I, jan. 1938 — vol. 3, tomo XXII, jun. 1943.

O Jornal. Revista literária dominical. Rio de Janeiro, 1944-1958.

O Jornal. Colaboração de Jota Efegê. Rio de Janeiro, mar. 1963-set. 1969.

O Malho. Semanário Humorístico, Artístico e Literário. Rio de Janeiro, ano I, n° 1, set. 1902 — ano XXXVI, 1936.

O Rio Nu. Periódico semanal artístico-humorístico. Rio de Janeiro, 1898-1899 e 1900-1904. Os 89 números consultados pertencem ao Acervo Tinhorão do Instituto Moreira Salles (IMS), São Paulo.

O Violão. Rio de Janeiro, ano I, n° 1, dez. 1928 — n° 9, out. 1929.

Revista Brasileira de Folclore. Rio de Janeiro, ano I, n° 1, set-dez. 1971 — ano XIV, n° 41, maio-ago. 1976.

Revista CBM. Órgão Oficial do Conservatório Livre de Música. Rio de Janeiro, ano I, vol. 1 — ano XIV, n° 56, 1969.

Revista da Semana. Rio de Janeiro, 1921-1936.

Revista do Arquivo Municipal de São Paulo. São Paulo, ano I, vol. II, jul. 1934 — ano 45, n° 195, jan-dez. 1982.

Revista do Instituto Histórico e Geográfico Brasileiro. Rio de Janeiro, números variados com artigos, ensaios, estudos e comunicações de interesse para a história urbana do Rio de Janeiro.

O Estado de S. Paulo. "Suplemento Literário". São Paulo, 1961-1971 e 1979-1991 (sob nova designação de "Suplemento de Cultura").

Selecta (Fon-Fon!). Rio de Janeiro, ano I, n° 1, jun. 1915 — ano VIII, n° 52, dez. 1922.

Vamos Ler. Rio de Janeiro, n° 27, nov. 1938 — n° 55, fev. 1939, em que se publica a série "Relíquias cariocas", de Marisa Lira.

FOLHETOS DE "MODINHAS"

Lira do trovador: modinhas brasileiras. São Paulo: Livraria Teixeira, 1918. Na capa, foto de Eduardo das Neves tal como se apresentava à época, no palquinho do Passeio Público, no Rio de Janeiro.

Mistérios do violão: grandioso e extraordinário repertório de modinhas brasileiras. Rio de Janeiro: Livraria do Povo/Quaresma & Cia., 1905.

Trovador brasileiro ou novíssimo cantor de modinhas. Rio de Janeiro: Livraria do Povo/Quaresma & Cia., 1904.

Trovador da malandragem. Rio de Janeiro: Livraria Quaresma, 1926. A primeira edição terá saído em fins de 1902 ou inícios de 1903, pois no prefácio original — mantido pelo editor nesta edição de 1926 — o autor dos versos da coletânea, Eduardo das Neves, afirma ter ouvido em discos da Casa Edison suas composições, apropriadas por outros "ainda não há muito tempo", e as gravações em disco pela Casa Edison começaram em 1902.

Trovador de esquina. Rio de Janeiro: Quaresma & Cia. Livreiros Editores, 1904.

DISCOS, LPs, COMPACTOS, CDs

Gravações mecânicas

"Rato, rato", choro, de Casimiro Rocha. Disco mecânico de 76 voltas por minuto, Odeon 108.069. Casa Edison, Rio de Janeiro.

"Rato, rato", cançoneta, por Alfredo Silva. Disco mecânico de 76 por minuto, Odeon 10.060. Casa Edison, Rio de Janeiro.

"Rato, rato", lundu, de Casimiro Rocha e Claudino Costa (autor da letra), por Orestes de Matos. Disco mecânico de uma só face, Disco Brazil 70.234.

"Rato, rato", de Casimiro Rocha, gravação instrumental pelo Grupo Honório. Disco mecânico Columbia B-138.

"Rato, rato", polca, de Casimiro Rocha e Claudino Costa. Disco mecânico Gaúcho 48.464. Casa A Electrica, Porto Alegre.

"Rato, rato", cançoneta, por Claudino Costa. Disco mecânico Odeon 120.062. Casa Edison, Rio de Janeiro.

"Sorvete, iaiá", lundu, por Mário Pinheiro. Disco mecânico Odeon 108.142. Casa Edison, Rio de Janeiro.

Gravações elétricas

"A preta do acarajé", de Dorival Caymmi, pelo autor em dupla com Carmen Miranda. Disco elétrico Odeon 11.710, lado B, 1939.

"Canção do jornaleiro", de Heitor dos Prazeres, por Jonas Tinoco. Disco elétrico de 78 rotações, Victor 33.639-A, 1933.

"Pregão", baião, de Lindolfo Gaya, por Stelinha Egg. Disco elétrico de 78 rotações, RCA-Victor 80.0771-A, 1951.

"Pregão da baiana", samba, de Denis Brean, por Isaurinha Garcia. Disco elétrico Victor 80.0182-A, 1943.

"Pregão da ostra", pregão, por Inezita Barroso. Disco elétrico RCA-Victor 80.1287-B, 1954.

"Pregões cariocas", por Jorge Fernandes. Disco elétrico Odeon 12.988-B, 1950. Posteriormente incluído no LP de 10 polegadas ... *Essa Nega Fulô!*, gravação Sinter SLP 1.036, quarta faixa do lado A.

"Pregões cariocas", samba, de João de Barro, por Roberto Paiva e Trio Melodia. Disco elétrico Continental 15.438-B, 1945.

"Pregões do Recife", baião, por Gilvan Chaves, acompanhado por Martins e Seu Conjunto. Disco elétrico Mocambo 15.018-A, 1955.

"Rolete de cana", baião, de Oswaldo Santiago, por Dilu Melo. Disco elétrico Sinter 00-0045, 1956.

"Sorvete, iaiá", marcha, de Antonio Nássara e Alberto Ribeiro, por Luís Barbosa. Disco elétrico Victor 34.013-B, 1936.

LPs de 10 polegadas

... *Essa Nega Fulô!*, por Jorge Fernandes. Sinter SLP 1036. Na quarta faixa do lado 1 o cantor relança a composição "Rolete de cana", anteriormente incluída no disco elétrico de 78 rotações Sinter 12.988-B, de 1950.

Lendas e pregões do Brasil, pelo Trio Irakitan. Odeon MOB 3.052. No lado 1 a faixa 2 é a gravação de "A velha das ervas bentas", e a faixa 3 a de "Pregões cariocas". No lado 2 a faixa 2 é a gravação de "pregão potiguar" "Vendedor de tabuleiro, e a faixa 4 a do pregão da vendedora de doces "A preta Zulmira".

Pregões do Rio antigo na voz de Álvaro Moreira, crônica memorialística narrada-cantada pelo autor. Copacabana CLP 2.501-A (MLP 241), 1956.

LPs DE 12 POLEGADAS

Folclore do Pampa. Paixão Côrtes. Phillips P632.1031, 1962. No lado 1 a faixa 6 corresponde a "Pregões de Porto Alegre", de Paixão Côrtes e Thierry de Castro.

Pregões de São Luís, SECMA (Secretaria de Cultura do Maranhão), com Antonio Vieira e Lopes Bogéa. Gravado em setembro de 1988.

COMPACTO SIMPLES

"O menino das laranjas", de Theo de Barros, por Elis Regina. Phillips 365 068-A, 1965.

CDs

Antonio Vieira, compositor popular. Músicas e interpretação do autor. Gravadora Eldorado, São Paulo, 2002.

Antonio Vieira, caixa com a obra completa do compositor gravada em 17 CDs. Produção Cia. Vale do Rio Doce, São Luís, 2003/2004.

Pregoeiros, reedição do LP *Pregões de São Luís*, com Antonio Vieira e Lopes Bogéa, São Luís, Selo Sabiá, 1999.

BIBLIOGRAFIA GERAL

ABREU, Brício de. *Esses populares tão desconhecidos*. Rio de Janeiro: E. Raposo Carneiro Editor, 1963. No capítulo "O maior artista negro do Brasil — Benjamim de Oliveira", o autor condensa entrevista realizada com o palhaço em 1947, para publicação nas revistas *Dom Casmurro* e *Comœdia*.

_____. "Grandezas e miséria do violão. A história do 'pinho'". *Diário da Noite*, Rio de Janeiro, 30 de agosto de 1957.

ALMEIDA, Aluísio de. "Folclore da banda de música". *Revista do Arquivo Municipal de São Paulo*, vol. CLXXVI. São Paulo, 1969.

AMARAL, Amadeu. *Memorial de um passageiro de bonde*. São Paulo: Edições Cultura Brasileira, 1938.

ANDRADE, Aires de. *Francisco Manuel da Silva e seu tempo*. Rio de Janeiro: s.e., 1967. 2 vols.

ANDRADE, Carlos Drummond de. "O destino em forma de periquito". *Revista Esso*, Rio de Janeiro, s.d.

ANDRADE, Jorge. *Passeio Público: a paixão de um vice-rei*. Rio de Janeiro: Litteris Editora, 1999.

ANTONIUS. "O sereno". *Selecta*, ano I, n° 7. Rio de Janeiro, 14 de julho de 1925.

ARAÚJO, Alceu Maynard. *Cultura popular brasileira*. São Paulo: Editora Melhoramentos/MEC, 1973.

ARAÚJO, Mozart de. *A modinha e o lundu no século XVIII*. São Paulo: Ricordi Brasileira, 1965, p. 40.

ARAÚJO, Guilherme de. "Capoeira e valentões do Recife". *Revista do Instituto Arqueológico, Histórico e Geográfico Pernambucano*, vol. XL, n° 145. Recife, 1946.

BARBINAIS, M. Le Gentil de La. *Nouveau voyage au tour du monde*, tome troisième. Paris: Chez Briasson, Rue Saint Jacques, a la Science, MDC CXXIX [1729].

BARRETO, Paulo (João do Rio — João Paulo Alberto Coelho Barreto). *A alma encantadora das ruas*. Rio de Janeiro: Organizações Simões, 1951-1952.

_____. "A musa urbana". *Kosmos*, ano II, n° 8. Rio de Janeiro, agosto de 1905.

_____. *Cinematógrafo (Crônicas cariocas)*. Porto: Livraria Chardron (Lelo & Irmão), 1909.

BARRETO FILHO, Melo e LIMA, Hermeto. *História da Polícia do Rio de Janeiro: aspectos da cidade e da vida carioca (1831-1870)*, vol. 2. Rio de Janeiro: Editora A Noite, 1942.

BARROS, Olavo de. *A Lapa do meu tempo (1909-1914)*. Rio de Janeiro: Editora Pongetti, 1968.

BOGÉA, Lopes e VIEIRA, Antonio, *Pregões de São Luís*, São Luís, Edições FUNC-MA, 1980; 2ª ed., 1999.

"Brás agora é nordestino". Revista *O Cruzeiro*, Rio de Janeiro, 19 de setembro de 1973.

CASTILHO, Alceu Luís. "Grupo andino ilustra 'Mercosul' das ruas". Caderno "Seu Bairro-Centro", *O Estado de S. Paulo*, São Paulo, 11 de setembro de 1996.

CASTRO, Jeanne Berrance de. "A música na Guarda Nacional". "Suplemento Literário", *O Estado de S. Paulo*, São Paulo, 31 de maio de 1969.

COELHO NETO, Paulo. *Relicário*. Rio de Janeiro: Borsói, editor, 1956.

COSTA, Donizeti e MUGNAINI JR., Ayrton. "Calçada da fama". Revista *Já*, ano II, n° 85, *Diário Popular*. São Paulo, 21 de junho de 1998.

CUNHA FILHO, José Mariano da. *O Passeio Público do Rio de Janeiro, 1779-1783*. Rio de Janeiro: Estabelecimento de Artes Gráficas C. Mendes Júnior, 1943.

"Dançam polka, baião e xaxado. É um forró". *Jornal da Tarde*, São Paulo, 30 de março de 1970.

DEODATO, Alberto. *Roteiro da Lapa... e outros roteiros*. Belo Horizonte: Itatiaia, 1960.

"Diário das ruas". *Fon-Fon!*, ano XIII, n° 33. Rio de Janeiro, 15 de agosto de 1914.

DORIA, Escragnolle. "O Jardim da Guarda Velha". *Revista da Semana*, Rio de Janeiro, 25 de maio de 1929.

EDMUNDO, Luís. *O Rio de Janeiro do meu tempo*. Rio de Janeiro: Editora Conquista, 1957.

_____. *O Rio de Janeiro no tempo dos vice-reis*. Rio de Janeiro: Editora Aurora, 1951.

FAZENDA, Vieira. *Antiqualhas e Memórias Históricas do Rio de Janeiro, Revista do Instituto Histórico e Geográfico Brasileiro*, Rio de Janeiro, tomo 86, vol. 140 (1913); tomo 88, vol. 142 (1940); tomo 93, vol. 147 (1923); tomo 95, vol. 149 (1943); tomo 99, vol. 152 (1926).

FERREIRA, Atos Damasceno. *Palco, salão e picadeiro em Porto Alegre no século XIX*. Porto Alegre: Editora Globo, 1956.

_____. *Imagens sentimentais da cidade*. Porto Alegre: Livraria Globo, 1940.

FOGAÇA, Elenita. "Músicos levam a vida tocando nas ruas de S. Paulo". Caderno "Seu Bairro-Centro", *O Estado de S. Paulo*, São Paulo, 17 de janeiro de 1995.

FRANÇA, Basileu Toledo. *Música e maestros*. Goiânia: s.e., 1962.

FRANÇA JÚNIOR. *Folhetins*. 4ª ed. aumentada. Rio de Janeiro: Jacinto Ribeiro dos Santos, editor, 1926.

FRANCESCHI, Humberto M. *A Casa Edison e seu tempo*. Rio de Janeiro: Centro Petrobras de Referência da Música Brasileira (edição fora do mercado), s.d. [2002]. 2 vols.

Gazeta de Notícias, Rio de Janeiro, 13 de janeiro de 1910, "Suplemento Literário", pp. 3-4. Crônica sem título e sem assinatura sobre o ambiente das casas de chope no Rio de Janeiro dos fins da primeira década do século XIX.

Gomes, Elza Dellier. "Uma 'estória' de palhaços". *Correio Paulistano*, São Paulo, 28 de maio de 1950.

Grieco, Agripino. *Memórias*. Rio de Janeiro: Editora Conquista, 1972. 2 vols.

Heitor, Luís. *Música e músicos do Brasil: história, crítica e comentários*. Rio de Janeiro: Livraria Editora Casa do Estudante do Brasil, 1950.

Itiberê, Brasílio. *Mangueira, Montmartre e outras favelas*. Rio de Janeiro: Livraria São José, 1970.

_____. "Ernesto Nazaré e sua obra". *Boletim Latino-Americano de Música*, ano VI, tomo VI, primeira parte. Rio de Janeiro, 1946.

Jacintho, "O homem da flauta", série "Século XX". *Fon-Fon!*, Rio de Janeiro, 31 de março de 1928.

João do Rio. Ver Barreto, Paulo.

Jota Efegê (João Ferreira Gomes). *O Cabrocha (Meu companheiro de farras)*. Rio de Janeiro: Casa Leuzinger, 1931.

_____. "Icaínara, a Bugrinha, uma maxixeira *hors-concours*". *O Globo*, Rio de Janeiro, 11 de setembro de 1976.

_____. "Na Cervejaria Guarda Velha cantava-se, dançava-se, e (óbvio) bebia-se cerveja". *O Jornal*, terceiro caderno, Rio de Janeiro, 28 de março de 1968.

_____. "Um semeador de bandas". *O Jornal*, terceiro caderno, Rio de Janeiro, 10 de julho de 1966.

_____. "Quem estava à toa na rua parava para ouvir a Banda Alemã tocar". *O Jornal*, terceiro caderno, Rio de Janeiro, 19 de março de 1967.

Kotzebue, Otto Von. *Neue Reise um die Welt, in den Jahren 1823-1826, c'est-à-dire Nouveau voyage autour du monde, fait par... dans les années 1823 à 1826*, 2 vols., São Petersburgo, 1830. A parte referente ao Rio de Janeiro foi traduzida por Rodolfo Garcia e publicada na *Revista do Instituto Histórico e Geográfico Brasileiro*, tomo 80, 1916. Rio de Janeiro: Imprensa Nacional, 1917.

Lima, Hermeto. "Músicos ambulantes". *Revista da Semana*, Rio de Janeiro, 17 de junho de 1927.

Lira, Marisa. *Brasil sonoro, gêneros e compositores populares*. Rio de Janeiro: Editora A Noite, s.d. [1938].

_____. "Bailes e bailecos do Rio antigo". *Vamos Ler*, Rio de Janeiro, 20 de julho de 1944.

MAGALHÃES, Adelino. *Plenitude*. Rio de Janeiro: Cooperativa Cultural Guanabara, 1939.

MAUL, Carlos. "Um músico notável: Anacleto de Medeiros". *A Notícia*, Rio de Janeiro, 24 de abril de 1965.

MAYRINK, Geraldo. "Um toque de gênio na calçada", *Revista Goodyear*, São Paulo, jul.-ago.-set. 1988.

MELO, Mário. "Origem e significado do frevo". *Anuário do Carnaval Pernambucano*. Recife, 1938.

MENESES, Raimundo de. *Bastos Tigre e La Belle Époque*. São Paulo: Livraria Edart, 1966.

MIRANDA, Macedo. *Abismo abismo*. Rio de Janeiro: Civilização Brasileira, 1976.

MOLINARI, Davi. "Arte de rua tem endereço". Caderno "Acontece", *Folha de S. Paulo*, São Paulo, 2 de fevereiro de 1997.

MORAES, Jomar. *Guia de São Luís do Maranhão*. 2ª ed. revista e aumentada. São Luís: Edições Legenda, 1995.

MORALES DE LOS RIOS FILHO, Adolfo. "O Rio de Janeiro da Primeira República (1889-1930)". *Revista do Instituto Histórico e Geográfico Brasileiro* (IHGB), Rio de Janeiro, vol. 273, out.-dez. 1966.

NARDO, Silvia Di. "Forró paulista: uma salada de ritmos para quem quer dançar muito e pagar pouco". *O Globo*, Rio de Janeiro, 21 de agosto de 1976.

NELO, Nino. "Grandezas e misérias do nosso teatro". *Boletim da SBAT*, Rio de Janeiro, jan.-fev. 1961.

OLIVEIRA, José da Veiga. "Eis a Banda". *O Estado de S. Paulo*, São Paulo, 20 de abril de 1968.

PAIS, Adelino J. *O Rio no verdor dos meus anos e o muro dos sem-vergonhas*. Rio de Janeiro: Nobre Gráfica Editora Ltda., 1964.

PARAGUAÇU, Camilo. *Memória sobre o jogo do bicho, escrita por um soldado velho*. Rio de Janeiro: Irmãos Pongetti Editores, 1954.

PEDERNEIRAS, Raul. "Monólogos e cançonetas". *Jornal dos Teatros, Casinos e Dancings*, ano I, nº 3. Rio de Janeiro, 2 de maio de 1938.

PENA, Luís Carlos Martins. *Judas em Sábado de Aleluia*. In : *Teatro de Martins Pena*. Rio de Janeiro: Instituto Nacional do Livro, 1956.

PINTO, Alexandre Gonçalves. *O choro: reminiscências dos chorões antigos*. Rio de Janeiro: 1936 (edição do autor).

Pinto, Aloísio de Alencar. "Ernesto Nazaré/Flagrantes". *Revista Brasileira de Música*, n° 5. Rio de Janeiro, abr.-jun. 1963.

Portela, Bastos. "Gente cândida". *Fon-Fon!*, n° 37. Rio de Janeiro, 15 de setembro de 1928.

Porto Alegre, Aquiles. *História popular de Porto Alegre*. Porto Alegre: Prefeitura de Porto Alegre, 1940.

Procópio Ferreira. *O ator Vasques, o homem e a obra*. São Paulo: s.e., 1939.

"Psicologia urbana". *Tit-Bits*, ano I, n° 4. Rio de Janeiro, 24 de setembro de 1937.

Querino, Manuel. *A Bahia de outrora*. Salvador: Livraria Progresso Editora, 1946.

Rebelo, Marques (Ely Dias da Cruz). *Marafa*. 2ª ed. revista. Rio de Janeiro: Empresa Gráfica O Cruzeiro S.A., 1947.

Rodrigues, Nelson. *Jornal da Tarde*, São Paulo, 13 de fevereiro de 1973, p. 2, reprodução de trecho de *O Globo*, Rio de Janeiro.

Rosa, Ferreira da. *Excursões escolares ou narrativas infantis histórico-topográficas da cidade do Rio de Janeiro*. Rio de Janeiro: Livraria de J. G. de Azevedo & C. Editores, 1898.

_____. *Memorial do Rio de Janeiro*. Rio de Janeiro: Arquivo do Distrito Federal, 1951. 2 vols.

Rui, Afonso. *Boêmios e seresteiros do passado*. Salvador: Livraria Progresso, 1954.

Sá, Victor. *Terra carioca*. Rio de Janeiro: Editora Alba Ltda., 1961.

"Sair daqui só no último pau de arara". Encarte "Revista", *Diário Popular*, São Paulo, 18 de abril de 1989.

Santos, Antônio Ribeiro dos. "Carta sobre as cantigas e modinhas, que as Senhoras cantam nas Assembleias". *Manuscritos*, vol. 130, fls. 156-7. Lisboa, Acervo da Biblioteca Nacional. Esta carta faz parte da coleção doada por Antônio Ribeiro dos Santos à Biblioteca Nacional de Lisboa, da qual foi seu primeiro diretor em 1796.

Santos, Luís Gonçalves dos (padre Perereca). *Memória para servir à história do Reino do Brasil*, 2 vols. Rio de Janeiro: Livraria Editora Zélio Valverde, 1943.

Santos, Sérgio de Paula. *Os primórdios da cerveja no Brasil*. São Paulo: Ateliê Editorial, 2004.

Sesso Júnior, Geraldo. *Retalhos da velha Campinas*. S.l.: s.e., 1970.

SETTE, Mário. *Arruar: história pitoresca do Recife antigo.* 2ª ed. aumentada. Rio de Janeiro: Livraria Editora Casa do Estudante do Brasil, s.d.

SILVA, Artur Lobo da. *Quadros da vida acadêmica.* Rio de Janeiro: Irmãos Pongetti Editores, 1953.

SILVEIRA, Celestino. "As valsas e a Banda Alemã", série "Antigamente era assim...". *Cine-Rádio Jornal,* nº 140. Rio de Janeiro, 13 de março de 1941.

SILVEIRA, O. "Circos de cavalinhos". *Boletim da Comissão Catarinense de Folclore,* ano VIII, nºs 23-24. Florianópolis, Santa Catarina, jan. 1957-jan. 1958.

SODRÉ, Álvaro. "Os baleiros", seção "Tipos da rua". *Selecta,* ano IV, nº 50. Rio de Janeiro, 16 de dezembro de 1918.

_____. "Os cafés-cantantes". *Fon-Fon!,* Rio de Janeiro, 26 de julho de 1924.

_____. "O café-cantante". *Fon-Fon!,* Rio de Janeiro, 14 de fevereiro de 1925.

SQUEFF, Larissa. "Rala-coxa na Pauliceia. Renegado pelos paulistanos durante décadas, o forró conquista a classe média e vira mania". Revista *Já, Diário Popular,* São Paulo, 19 de abril de 1998.

TINHORÃO, José Ramos. *Música popular: teatro & cinema.* Petrópolis: Editora Vozes, 1972.

_____. *A música popular no romance brasileiro: vol. I, séculos XVIII e XIX.* 2ª ed. revista e aumentada. São Paulo: Editora 34, 2000.

"Uma praia arretada e danada de boa". Caderno "Seu Bairro-Leste", *O Estado de S. Paulo,* 2 de março de 1995.

VASCONCELOS, Ari. *Panorama da música popular brasileira.* São Paulo: Martins, 1964. 2 vols.

VASCONCELOS, José Mauro de. *O meu pé de laranja lima.* 22ª ed. (1ª ed.: 1968). São Paulo: Melhoramentos, 1974.

VINCENZI, Djalma de. "Nacionalizando o repertório das bandas militares". Revista *Weco,* ano II, nº 2. Rio de Janeiro: Casa Carlos Wehrs, 1931.

WANDERLEY, Eustórgio. *Tipos populares do Recife antigo.* Recife: Colégio Moderno, 1954.

WEHRS, Carlos. *O Rio antigo de Aluísio Azevedo.* Rio de Janeiro, 1994 (edição do autor).

OBRAS DO AUTOR

A província e o naturalismo. Rio de Janeiro: Civilização Brasileira, 1966 (esgotado).

Música popular: um tema em debate. Rio de Janeiro: Saga, 1966; 2ª ed., Rio de Janeiro: JCM, 1969; 3ª ed., São Paulo: Editora 34, 1997; 1ª reimpressão, 1998; 2ª reimpr., 1999; 3ª reimpr., 2002; 4ª reimpr., 2003; 4ª ed., 2012.

O samba agora vai... A farsa da música popular no exterior. Rio de Janeiro: JCM, 1969 (esgotado).

Música popular: de índios, negros e mestiços. Petrópolis: Vozes, 1972; 2ª ed., 1975 (esgotado).

Música popular: teatro & cinema. Petrópolis: Vozes, 1972 (esgotado).

Pequena história da música popular: da modinha à canção de protesto. Petrópolis: Vozes, 1974; 2ª ed., 1975; 3ª ed., 1978; 4ª ed., São Paulo: Círculo do Livro, 1978; 5ª ed., revista e aumentada, com o novo título *Pequena história da música popular: da modinha ao tropicalismo*, São Paulo: Art Editora, 1986; 6ª ed., revista e aumentada, com novo título *Pequena história da música popular: da modinha à lambada*, 1991; 7ª ed., revista, com o novo título *Pequena história da música popular: segundo seus gêneros*, São Paulo: Editora 34, 2013.

Música popular: os sons que vêm da rua. São Paulo: Tinhorão, 1976; 2ª ed., revista e aumentada, com o novo título *Os sons que vêm da rua*, São Paulo: Editora 34, 2005; 3ª ed., 2013.

Música popular: do gramofone ao rádio e TV. São Paulo: Ática, 1981 (esgotado).

Música popular: mulher & trabalho (plaqueta). São Paulo: Senac, 1982 (esgotado).

Vida, tempo e obra de Manuel de Oliveira Paiva (uma contribuição). Fortaleza: Secretaria de Cultura e Desporto, 1986.

Os negros em Portugal: uma presença silenciosa. Lisboa: Editorial Caminho, 1988; 2ª ed., 1997.

Os sons dos negros no Brasil. Cantos, danças, folguedos: origens. São Paulo: Art Editora, 1988; 2ª ed., São Paulo: Editora 34, 2008.

História social da música popular brasileira. Lisboa: Editorial Caminho, 1990. São Paulo: Editora 34, 1998; 1ª reimpr., 1999; 2ª reimpr., 2002; 3ª reimpr., 2004; 4ª reimpr., 2005; 2ª ed., 2010; 1ª reimpr., 2013.

Os sons do Brasil: trajetória da música instrumental (plaqueta). São Paulo: SESC, 1991.

A música popular no romance brasileiro — Vol. I, séculos XVIII e XIX. Belo Horizonte: Oficina de Livros, 1992; 2ª ed., São Paulo: Editora 34, 2000. — *Vol. II, século XX (1ª parte).* São Paulo: Editora 34, 2000. — *Vol. III, século XX (2ª parte).* São Paulo: Editora 34, 2002.

Fado: dança do Brasil, cantar de Lisboa. O fim de um mito. Lisboa: Editorial Caminho, 1994.

Os romances em folhetins no Brasil (de 1830 à atualidade). São Paulo: Duas Cidades, 1994.

As origens da canção urbana. Lisboa: Editorial Caminho, 1997. São Paulo: Editora 34, 2011.

A imprensa carnavalesca no Brasil: um panorama da linguagem cômica. São Paulo: Hedra, 2000 (originalmente Dissertação de Mestrado em História Social apresentada ao Curso de Pós-Graduação da Universidade de São Paulo em 1999).

As festas no Brasil colonial. São Paulo: Editora 34, 2000; 1ª reimpr., 2000.

Cultura popular: temas e questões. São Paulo: Editora 34, 2001; 2ª ed., revista e aumentada, 2006.

Música popular: o ensaio é no jornal. Rio de Janeiro: MIS Editorial, 2001.

Domingos Caldas Barbosa: o poeta da viola, da modinha e do lundu (1740-1800). São Paulo: Editora 34, 2004. Lisboa: Editorial Caminho, 2004.

O rasga: uma dança negro-portuguesa. São Paulo: Editora 34, 2006. Lisboa: Editorial Caminho, 2007.

A música popular que surge na Era da Revolução. São Paulo: Editora 34, 2009.

Festa de negro em devoção de branco: do carnaval na procissão ao teatro no círio. São Paulo: Editora Unesp, 2012.

Este livro foi composto em Sabon pela Bracher & Malta, com CTP e impressão da Bartira Gráfica e Editora em papel Alta Alvura 75 g/m² da Cia. Suzano de Papel e Celulose para a Editora 34, em novembro de 2013.